U0084038

古典文獻研究輯刊

二十編

潘美月・杜潔祥 主編

第 **7** 冊

《國語》考校
——以明本四種校勘條目爲對象(下)

郭萬青 著

國家圖書館出版品預行編目資料

《國語》考校——以明本四種校勘條目為對象（下）／郭萬青
著 -- 初版 -- 新北市：花木蘭文化出版社，2015〔民 104〕
目 2+186 面；19×26 公分
（古典文獻研究輯刊 二十編：第 7 冊）
ISBN 978-986-404-088-9（精裝）
1. 國語 2. 校勘
011.08 103027398

ISBN-978-986-404-088-9

9 789864 040889

古典文獻研究輯刊
二十編 第 七 冊 ISBN：978-986-404-088-9

《國語》考校——以明本四種校勘條目爲對象（下）

作　　者　郭萬青
主　　編　潘美月　杜潔祥
總 編 輯　杜潔祥
副總編輯　楊嘉樂
編　　輯　許郁翎
企劃出版　北京大學文化資源研究中心
出　　版　花木蘭文化出版社
社　　長　高小娟
聯絡地址　235 新北市中和區中安街七二號十三樓
　　　　　電話：02-2923-1455 ／傳眞：02-2923-1452
網　　址　http://www.huamulan.tw 信箱 hml810518@gmail.com
印　　刷　普羅文化出版廣告事業
初　　版　2015 年 3 月
定　　價　二十編 24 冊（精裝）台幣 42,000 元
版權所有・請勿翻印

《國語》考校
——以明本四種校勘條目爲對象（下）

郭萬青　著

目次

晉語第八

1. 狐突不順故不出

【按】許本、張一鯤本、《鈔評》「狐」率作「狐」。《隸辨》引《魯峻碑陰》「狐」字即作「狐」，《漢隸字源》收《張平子碑》、《隸辨》收《樊敏碑》「狐」字皆作「狐」，敦煌俗字中「狐」亦多寫作「狐」，蓋「瓜」、「爪」形近易混。曾榮汾謂「瓜」字爲「瓜」的隸定字〔註1〕，也是「爪」的異體字。故「狐」、「狐」、「狐」皆「狐」之異體字。

吳勉學本「突」作「突」。「犬」、「大」形近，故「突」得作「突」。

2. 主孟啗我

【按】許本「啗」率作「啗」，活字本、《鈔評》作「啗」。「臽」、「臽」形近易混用，故「啗」亦多寫作「啗」。「啗」則「啗」之變形。辨詳見拙著《〈國語補音〉異文研究》。

3. 【注】吾讀如魚吾吾不敢自親之皃……欲爲閑樂事君之道

【按】活字本、丁跋本、張一鯤本、《國語評苑》、《鈔評》、閔齊伋本、綠蔭堂本、文淵閣本、道春點本、千葉玄之本、黃刊明道本及其覆刻本、董增齡本、秦鼎本「皃」作「貌」，下注「茂木皃」同。薈要本本處作「皃」，下注則作「茂木貌」，文津閣本二注字皆作「皃」，文淵閣本二字皆作「貌」。或

〔註1〕 曾榮汾：「瓜」字研訂說明，《異體字字典》在線版，http://dict2.variants.moe.edu.tw/variants/。

當統一釐作「兒」。

又許本「閑」誤作「間」。

又活字本、黃刊明道本及其覆刻本、寶善堂本、《補正》、《四部備要》本等「貌」後有「也」字。

對於《晉語二》「暇豫之吾吾」也頗多不同見解。今《國語》譯注本之秦同培、傅庚生、馬達遠、楊宏文、薛安勤、高振鐸、董立章、黃永堂、趙望秦、來可泓、尚學鋒等皆從韋注爲釋，葉萌、汪啓明、許威漢等亦並從之。恩田仲任則謂韋注非是。

從韋注的解釋看，韋昭是把「吾吾」看作狀貌詞的，即「吾吾」是重言。王懋竑以「吾吾」爲「暇豫貌」，陸宗達（1905～1988）以「吾吾」爲「寫『暇豫』之狀」〔註2〕，王、陸二說實同，皆以爲重言。這一類看法較爲常見，如下：

方以智（1611～1671）《通雅》卷一〇云：

懇懇即與與，通爲于于、吾吾，因而有成行之魚魚、衙衙。《敘傳》曰：「長倩懊懊。」弋於切，《說文》作「懇」，余呂切，趣步懇懇也。丁度作「忌」，故駢字有「忌忌」。黃公紹曰：「與與，如也，舒也，威儀適中也。」《玉篇》曰：「謹謹貌。」智謂：懊懊，舒徐有餘之貌。郊祀歌奡與萬物，言開舒也。黍稷與與，平聲，謂其舒而有餘也，其聲則與「于于」、「魚魚」、「衙衙」相通。《莊子》「其臥徐徐，其覺于于」注：「自足貌。」又行貌，韓文「于于然而來」，通作「吾吾」，因行貌而成行列者謂之魚魚、衙衙。《左傳》曰：「暇豫之吾吾，不如鳥鳥。」則「于于」之意也。《九辨》曰：「通飛廉之衙衙。」則謂成行也。故退之用魚魚，皇甫湜爲元次山作詩曰：「石屏太衙衙，溪口揚素瀨。」《說文》曰：「芌猶吁，吁驚辭也。」亦从此聲。〔註3〕

又清人雷學淇《介菴經說》卷一〇「五午同義」條謂「吾吾」實即「支吾」之義，也是把「吾吾」看作重言。

吳汝倫（1840～1903）《尙書故》卷一云：

罔晝夜頟頟，《史記》省此文。《潛夫論》「頟頟」作「鄂鄂」。汝倫案：《釋名》：「頟，鄂也。」「鄂」、「頟」同聲通訓。「鄂鄂」猶「吾吾」，「吾吾」

〔註2〕 陸宗達：《訓詁簡論》，北京出版社 2002 年版，頁 149。

〔註3〕 （明）方以智：《通雅》，北京：中國書店 1990 年影浮山此藏軒本，頁 135 下。

猶「語語」。《廣雅》：「語語，喜也。」「遷」、「唔」同字，故「鄂」通「吾」、「語」。《晉語》「暇豫之吾吾」即此「鄂鄂」也。「顎顎」又爲「高」義，《西京賦》「鍔鍔列列」注：「皆高皃。」韓愈《平淮西碑》「顎顎蔡城」，猶「鍔鍔」也。〔註4〕

蕭旭《國語校補》有詳說，如下：

《御覽》卷 469 引「吾吾」作「唔唔」，有注云：「唔唔，踈遠之貌。」吳曾祺曰：「吾吾即踽踽，與人不相親之貌。」吳說是也，《說文》：「踽，疏行貌。《詩》曰：『獨行踽踽。』」《詩・杕杜》毛傳：「踽踽，無所親也。」字或作偊，《列子・力命》：「偊偊而步。」《釋文》：「本或作踽，《字林》云：『疏行貌。』」《正字通》：「偊偊，獨行貌。」《辭通》卷 13 云：「踽字從人作偊，音義同；『疏行』與『獨行』義亦合。」字或作瑀，《太平廣記》卷 490 引《東陽夜怪錄》：「客何故瑀瑀然犯雪，昏夜至此？」字或作衙，《廣韻》：「衙，語居切，《說文》曰：『衙衙，行貌。』又音牙。」《玉篇》：「衙，行貌，又踈遠貌。」《集韻》：「行衙衙謂之徲。」《楚辭・九辯》：「通飛廉之衙衙。」朱熹《集注》、洪興祖《補注》並曰：「衙衙，行貌。」陳第《屈宋古音義》曰：「衙音御。衙衙，踈遠貌。」字或作與、懊、忥、愵、趡、騬，《漢書・揚雄傳》《羽獵賦》：「滔滔與與，前後要遮。」師古曰：「滔滔、與與，往來貌。」《文選》「滔滔」作「淫淫」，李善曰：「淫淫、與與，皆行貌也。」「滔滔與與」即「猶猶與與」，《淮南子・兵略篇》：「擊其猶猶，陵其與與。」與與，行步舒徐貌，引伸爲茂盛貌。《詩・楚茨》：「我黍與與，我稷翼翼。」鄭箋：「黍與與，稷翼翼，蕃廡貌。」又引伸爲恭謹貌，《論語・鄉黨》：「君在，踧踖如也，與與如也。」何晏《集解》：「馬曰：『與與，威儀中適之貌。』」《集韻》：「懊懊，行步安舒也。或作忥，亦書作愵。」《說文》、《廣韻》：「趡趡，安行也。」《集韻》：「騬，《說文》：『馬行徐而疾。』」字或作于，《莊子・應帝王》：「泰氏其臥徐徐，其覺于于。」成玄英疏：「于于，自得之貌。」韓愈《上宰相書》：「于于焉而來矣。」要之，「吾吾」、「唔唔」、「衙衙」、「踽踽」、「偊偊」、「瑀瑀」、「與與」、「懊懊」、「忥忥」、「愵愵」、「趡趡」、「騬騬」、「于于」並一音之轉，義爲「獨自緩行、與人疏遠不相親之貌」，故《國語》用以形容「暇豫」。王懋竑《國語存校》曰：「吾吾，暇豫貌。言不如鳥烏之暇豫也。」近

〔註4〕 吳汝綸：《尚書故》卷一，氏著《吳汝綸全集》，合肥：黃山書社 1995 年版，頁 458。

之。李元吉曰：「漢《橫吹曲》『朱鷺魚以雅』，解者謂朱鷺之容安舒閑雅。則此『吾吾』亦謂里克暇豫而安舒耳。似非不敢自親也。」可謂知二五而不知一十。楊愼《轉注古音略》卷1曰：「吾，借作娛。」徐仁甫曰：「『吾吾』當分讀。吾，代詞。」並失之。《古樂府・朱鷺曲》：「朱鷺魚以鳥，鷺何食，食茄下。」明・楊愼《丹鉛總錄》卷21云：「鳥，古與雅同叶音，作雅蓋古字。鳥也、雅也，本一字也。雅與下相叶，始得其音。魚以雅者，言朱鷺之威儀魚魚雅雅也。韓文《元和聖德詩》『魚魚雅雅』之語本此。茄，古荷字。」楊說甚確，而未詳「魚魚雅雅」之義。韓愈《元和聖德詩》：「駕龍十二，魚魚雅雅。」錢仲聯《集釋》引方世舉曰：「魚有貫，雅有陣，言扈從之象也。」清・王應奎《柳南隨筆》卷1：「魚魚雅雅，殆取娖隊之義，言馬之行如魚貫、如雅陣耳。」《漢語大詞典》曰：「【魚魚雅雅】威儀整肅貌。雅，通『鴉』。魚行成貫，鴉飛成陣，故稱。」恐非確詁。「魚魚雅雅」疑即「吾吾衙衙」，「衙」讀《廣韻》又音牙，故作「雅雅」。〔註5〕

　　諸說中以蕭旭《校補》討論最爲細緻。

　　另外，則有以「吾吾」分別屬上下句者，即「吾」爲代詞。主要爲吳秋輝（1877～1927）和徐仁甫。如下。

　　吳秋輝《暇豫歌詞正誤》云：

　　舊皆從二吾字絕句，或以吾吾爲語助聲。如揚子幼報孫會宗書，所謂『仰天而歌鳥鳥』之類。然鳥鳥上加以之字殊不倫。或又以吾吾爲踽踽之假借，而二字之音又不相適合。二說皆不可通。其尤謬者，則並下句鳥鳥亦改爲烏烏，以爲上句吾吾之配。殊不知此鳥鳥字易作歌聲，則下文集苑、集枯字又何自來耶？今按此詞，實當以首一吾字絕句，下吾字則連下成文，意蓋謂吾但貪暇豫，而不知改圖，則吾將不如鳥鳥，鳥鳥尚知集於苑，而己則將獨集於枯也。此優施託爲里克謂其妻之詞，以隱諷里克捨棄其素日之主張，以改爲驪姬也。文本不甚晦澀，乃爲一經句讀錯亂，便覺其難通，實則原文自了了也。」〔註6〕

　　又徐仁甫《古詩別解》謂：「暇豫是形容詞，本謂吾之暇豫，而言暇豫之吾者，吾與鳥，枯韻也。『吾吾不如鳥鳥』，次『吾』字屬下讀，作下句之

〔註5〕　蕭旭：《羣書校補》，揚州：廣陵書社2011年版，頁135～136。
〔註6〕　吳秋輝撰，張乾一輯錄：《侘傺軒文存》，濟南：齊魯書社1997年版，頁367～368。

主語。文自通順。韋讀吾吾爲形容詞，而以暇豫爲主語，不知形容詞不得爲主語，又一句兩個形容詞，皆不通之讀也。」〔註7〕又其於《晉語辨正》文中仍主兩「吾」字一屬下讀：「吾吾當分讀。暇豫之吾，言閒暇的我。上文曰：『我教茲暇豫事君。』故此文曰吾，優施自我也。吾，代詞，受暇豫修飾，代詞受修飾，此乃始見。江有誥《先秦韻讀》於上吾字斷句，吾與烏枯韻。」〔註8〕可見徐仁甫說和吳秋輝說的前後繼承性。

　　無論從本文語境還是從重言詞的一般規則出發，本文的「吾吾」看作重言詞是沒用問題的。因此，我們不依從吳秋輝、徐仁甫的說法。此外就是「暇豫」和「吾吾」之間的關係問題。「之」作結構助詞是常見的用法，「暇豫」爲限定成份，「吾吾」爲中心詞；或者反之「暇豫」爲中心詞，「吾吾」爲限定成份都是沒有問題的。然而「暇豫」和「吾吾」確實爲相對的兩種狀態，則「之」字作結構助詞且表二者的從屬關係爲不辭。則「之」爲動詞，「本當暇豫而之吾吾」之義。其轉折義非由「之」字出，實由本句的語義關係決定，故不可以「之」字爲轉接連詞，裴學海（1899～1970）、張以仁等人以「暇豫之吾吾」的「之」爲轉折連詞是錯誤的。

4. 【注】熟食曰殘

　　【按】遞修本、活字本、許本「熟」作「孰」。黃刊明道本及其覆刻本正文及注「殘」作「飱」，《補正》、《詳注》、《四部備要》本、《叢書集成初編》本作「飱」，《集解》、上古本作「飧」，徐元誥云：「明道本飧作飱，非是。」〔註9〕「飱」爲「飱」字之俗。拙著《〈國語補音〉異文研究》、《小學要籍引〈國語〉研究》有詳辨，可參。

5. 【注】曩向也而汝也

　　【按】許本、黃刊明道本及其覆刻本、寶善堂本、《補正》、《集解》、上古本「汝」作「女」。

6. 抑撓志以從君爲廢人以自利也

　　【按】遞修本、許本、《國語評苑》「撓」作「橈」，因「木」、「扌」形近

〔註7〕　徐仁甫：《古詩別解》，上海古籍出版社 1984 年版，頁 72。
〔註8〕　徐仁甫：《晉語辨正》，《晉陽學刊》1984 年第 2 期，頁 78～82。
〔註9〕　徐元誥撰，王樹民、沈長雲點校：《國語集解》（修訂本），頁 277。

混同而誤作者。汪遠孫《攷異》云：「公序本作『橈』，是也。俗字從『手』作『撓』。」〔註10〕是汪遠孫據許本爲說。

7. 公命殺杜原款

【按】童本、閔齊伋本、文淵閣本「款」絕大多數寫作「款」，《國語評苑》、秦鼎本、寶善堂本作「欵」，黃刊明道本及其覆刻本作「欵」。道春點本、千葉玄之本字則作「欵」、「款」二形，「欵」、「款」皆爲「款」字之別體。《鈔評》本處「款」作「款」。

又《鈔評》「杜」作「杜」。

8. 將伏也（伏隱也）

【按】丁跋本「隱」作「隱」。「隱」爲「隱」之別體，《國語》他本「隱」字亦有作「隱」者。

9. 不能教導以至于死不能深知君之心度

【按】張一鯤本、童本、《國語評苑》、閔齊伋本、道春點本、千葉玄之本、董增齡本、秦鼎本「于」作「於」。

又童本、道春點本「深」作「涤」。

10. 殺身以成志仁也死不忘君敬也（使有）

【按】金李本本行 19 字，童本爲 20 字。

11. 驪姬既殺太子申生

【按】遞修本、許本、張一鯤本、《鈔評》、閔齊伋本、綠蔭堂本、文淵閣本、道春點本、千葉玄之本、董增齡本、秦鼎本「太」作「大」。

又《鈔評》「驪」作「驪」。

黃刊明道本及其覆刻本、寶善堂本等自本句獨立爲一個段落，上古本本章分段落較多，公序本則不分開。分開層次更爲清楚。

12. 【注】羣公子獻公之庶孽及先君之支庶也

【按】丁跋本、《鈔評》「孽」作「子」。《公羊傳·襄公二十七年》：「則

〔註10〕 （清）汪遠孫：《國語明道本攷異》，頁 300。

是臣僕庶孽之事也。」何休（129～182）《解詁》云：「庶孽，眾賤子，猶樹之有孽生。」〔註11〕則注字固當作「庶孽」，丁跋本、《鈔評》或誤改。

又《鈔評》「羣」作「群」，黃刊明道本及其覆刻本「庶」作「庻」。

13.【注】虢公王季之子文正之弟

【按】審遞修本、許本、金李本等《國語》各本「正」皆作「王」，是《叢刊》本「正」字誤。

14. 有神人面白毛虎爪執鉞立於西阿

【按】丁跋本、《國語評苑》、《鈔評》、薈要本、道春點本「鉞」作「鉞」，秦鼎本作「鈇」，亦「鉞」異體字。拙稿《唐宋類書引〈國語〉研究》已詳言其理，可參彼文。

又黃刊明道本及其覆刻本「面」作「靣」。

15.【注】帝天也襲入也

【按】丁跋本、《鈔評》「入」作「取」。審《開元占經》引注字亦作「入」。釋「襲」為「入」、為「取」皆當，唯丁跋本、《鈔評》釋作「取」不與《國語》各本同，或當依從《國語》他本作「入」。

16.【注】有子曰該為蓐收

【按】丁跋本「收」作「収」，許本作「收」，千葉玄之本、秦鼎本等作「收」。

17. 是天奪之鑒

【按】許本「奪」作「敓」。

18. 民疾其態天又誑之（誑猶惑也）

【按】許本「誑」作「甿」。《說文・臣部》：「甿，乖也。从二臣，相違。讀若誑。」〔註12〕清元周伯琦（1298～1369）《六書正譌》云：「甿，古況切，乖也，从二臣，相違，會意。借為欺也，隸作『誑』。俗作『誑』，

〔註11〕（清）阮元校刻：《十三經注疏》，頁 2312 上。
〔註12〕（漢）許慎：《說文解字》，頁 66 上。

非。」〔註13〕可見宋元時「誆」字既已通行，《國語》各本可爲一證。許本作「䛧」者，從《說文》。

19. 吾不忍俟也將行

【按】丁跋本、《鈔評》「俟」誤作「族」。

20. 【注】留外寇謂舍晉軍於國也

【按】活字本、張一鯤本、童本、黃刊明道本及其覆刻本字作「冦」。

又童本「國」字作「囯」。

黃刊明道本及其覆刻本、寶善堂本、《補正》、《四部備要》本、《叢書集成初編》本、上古本無「也」字，《詳注》、《集解》從公序本增「也」字。

又寶善堂本「留」作「畱」。

21. 【注】產之乘垂棘之𤥨假之……王季之冑

【按】童本「𤥨」誤作「𤩹」，「冑」誤作「胃」。張一鯤本、道春點本「𤥨」作「璧」，薈要本、文津閣本、千葉玄之本、黃刊明道本及其覆刻本、綠蔭堂本、董增齡本、秦鼎本「𤥨」作「璧」，文淵閣本作「璧」。「玉」亦寫作「王」，故「𤥨」、「璧」、「璧」皆「璧」字異體字。

22. 獻公問於十偃

【按】丁跋本、許本、童本等《國語》各本「十」皆作「卜」，是《叢刊》本誤作。丁跋本批云：「見內傳。」《左傳》事在僖公五年。

23. 鶉之賁賁天策焞焞火中成軍虢公其奔（鶉……）

【按】許本「鶉」作「鷒」，《鈔評》「虢」作「虩」。

黃刊明道本及其覆刻本、寶善堂本「策」作「䇿」，「䇿」亦「策」字之俗。

24. 【注】賁賁鶉火星兒也

【按】活字本、丁跋本、張一鯤本、《國語評苑》、《鈔評》、薈要本、文淵閣本、道春點本、千葉玄之本、黃刊明道本及其覆刻本、董增齡本、秦鼎

〔註13〕 （元）周伯琦：《六書正譌》，臺北：臺灣商務印書館 1986 年版《景印文淵閣四庫全書》第 228 冊，頁 163 下。

本、《補正》、《詳注》、《集解》「兒」作「貌」。

又活字本、黃刊明道本及其覆刻本、寶善堂本、《四部備要》本、《叢書集成初編》本、上古本注文作「賁賁鶉貌也」，汪遠孫《攷異》已揭出明道本與公序本之異。《補正》、《詳注》、《集解》注從公序本作「賁賁鶉火星貌也」。

25. 【注】食菜於周故曰宰周公

【按】活字本、許本、張一鯤本、《國語評苑》、《鈔評》、薈要本、文淵閣本、文津閣本、道春點本、千葉玄之本、黃刊明道本及其覆刻本、董增齡本、秦鼎本、寶善堂本、《補正》、《詳注》、《集解》等「菜」皆作「采」，恐《叢刊》本「菜」爲「采」字之誤。

又《鈔評》「於」作「于」。

26. 【注】輕謂垂橐而入

【按】童本「輕」作「輊」，《鈔評》作「軖」，亦皆「輕」之俗字。

27. 而汾河涷澮以為淵（四者水名淵池也）

【按】許本「淵」作「困」。

黃刊明道本及其覆刻本「涷」作「涑」，黃刊明道本及其覆刻本、秦鼎本、寶善堂本、《補正》、《詳注》、《集解》、林泰輔點校本、《四部備要》本、《叢書集成初編》本、上古本「淵」作「渠」。汪遠孫《攷異》云：「韋解訓『池』，則作『渠』是也。」〔註14〕

28. 汪是土也（汪大兒）

【按】活字本、丁跋本、張一鯤本、《國語評苑》、閔齊伋本、薈要本、文淵閣本、綠蔭堂本、道春點本、千葉玄之本、黃刊明道本及其覆刻本、董增齡本、秦鼎本「兒」作「貌」。

29. 不度諸侯之勢（彊弱之勢）

【按】許本「勢」作「埶」。文淵閣本、文津閣本、黃刊明道本及其覆刻

〔註14〕 （清）汪遠孫：《國語明道本攷異》，頁301。

本、《叢書集成初編》本、上古本「彊」作「強」，薈要本、寶善堂本、《補正》、《詳注》、《集解》、《四部備要》本作「強」。

30.【注】五子爭立大子奔宋

【按】許本、董增齡本「大」作「太」。活字本、黃刊明道本及其覆刻本、秦鼎本、寶善堂本、《補正》、《詳注》、《集解》注文作「五公子爭立太子奔宋」，《集解》「太」作「大」。汪遠孫《攷異》謂公序本脫「公」字，秦鼎亦云：「舊脫『公』字，今從明本。」〔註15〕

31. 子死孺子廢焉用死哉

【按】丁跋本「用」作「何」，《經濟類編》卷四引與丁跋本同。這裏牽涉到「焉」字屬上屬下的問題，若「焉」字屬上，則丁跋本「何」字是；若「焉」字屬下，則「用」字是。就本文語境而言，恐以「焉」字屬下作疑問代詞爲最合，故丁跋本不可從。

又活字本「廢」作「斃」，二字義亦相會，然《國語》他本以及各書所引皆作「廢」不作「斃」。

活字本、黃刊明道本及其覆刻本、寶善堂本、《補正》、《詳注》、《四部備要》本、《叢書集成初編》本、上古本無「哉」字，《集解》從公序本增「哉」字。

32. 讒羣公子而奪之利

【按】許本「奪」作「敓」，「敓」爲「敚」之別體。《鈔評》「羣」作「群」。

33.【注】禦止也

【按】丁跋本無此三字，有空格，或漏刻。

34. 今殺君而賴其富

【按】活字本、丁跋本、張一鯤本、《國語評苑》、《鈔評》、道春點本、千葉玄之本、綠蔭堂本、秦鼎本「賴」作「頼」。黃刊明道本及其覆刻本正文作「賴」，注文作「頼」。

〔註15〕 （日）秦鼎：《春秋外傳國語定本》卷八，本卷頁9。

35. 重耳告舅犯曰里克欲納我

【按】許本「納」率作「內」。

36. 夫堅樹在始（樹木也）

【按】許本「樹」率作「尌」，活字本、《鈔評》「樹」作「樹」。

37. 【注】樂喪以喪為樂

【按】童本「喪」作「丧」。

活字本、黃刊明道本及其覆刻本、寶善堂本、《補正》、《詳注》、《集解》、《四部備要》本、《叢書集成初編》本、上古本「為樂」後有「也」字。

38. 【注】剡鋒也

【按】童本「鋒」作「鋒」，此亦同於「逢」、「逢」之理。

39. 父生不得供備洒埽之臣

【按】活字本、丁跋本、許本、《鈔評》、黃刊明道本及其覆刻本、董增齡本字作「掃」。閔齊伋本「洒」作「灑」，二字音同義通。

40. 以君之靈鬼神降衷（衷善也）

【按】丁跋本「衷」作「裏」。

41. 羣臣莫敢寧處將待

【按】金李本本行 21 字，丁跋本、許本 20 字。董增齡本「寧」作「甯」。

42. 微知可否（微密故知可否）

【按】丁跋本、許本「否」作「不」，「不」、「否」古今字。

黃刊明道本及其覆刻本注文「可否」後有「也」字。

43. 【注】萬百萬畝也

【按】許本「畝」作「晦」，活字本作「𤮭」，黃刊明道本及其覆刻本作「畝」，秦鼎本作「畝」，董增齡本、寶善堂本作「畝」。

44. 【注】言但得守宗廟社稷不敢望國上也

【按】丁跋本、許本、童本等《國語》各本「上」皆作「土」，是《叢刊》本「上」字爲「土」字之誤。

黃刊明道本及其覆刻本、寶善堂本、《補正》、《集解》、《四部備要》本、《叢書集成初編》本、上古本無「也」字，《詳注》增「也」字。

45. 君實有郡縣（言君亦自有郡縣非謂之無也）

【按】許本「縣」作「寰」。

46. 【注】傳曰上有葱珩下有雙璜

【按】丁跋本「雙」誤作「蔓」。黃刊明道本及其覆刻本、寶善堂本「葱」作「苁」，「苁」亦「葱」別體。黃刊明道本及其覆刻本「雙」字作「雙」，「雙」爲「雙」字之俗。

《鈔評》「有」作「爲」，亦符合語義，唯不與《國語》各本同。

47. 不敢當公子請納之左右

【按】許本「納」作「內」。

48. 【注】滑亂也

【按】遞修本、丁跋本作「滑亂之也」，亦通。活字本、黃刊明道本及其覆刻本、寶善堂本、《補正》、《集解》、《四部備要》本、《叢書集成初編》本、上古本「滑」作「狷」。汪遠孫《攷異》云：「滑與汩通，作狷者俗字。」〔註16〕《詳注》從公序本作「滑」。

49. 是故先置公子夷吾寔为惠公

【按】丁跋本、許本、《鈔評》、閔齊伋本、董增齡本、《集解》「寔」作「是」，薈要本、文淵閣本、文津閣本、綠蔭堂本、寶善堂本、《補正》、《詳注》、《叢書集成初編》本「寔」作「實」。汪遠孫《攷異》云：「公序本作『是』，案古『寔』、『是』同聲通用。」〔註17〕是汪氏實據許本而言之。「實」、「寔」、

〔註16〕 （清）汪遠孫：《國語明道本攷異》，頁303。
〔註17〕 （清）汪遠孫：《國語明道本攷異》，頁303。

「是」三字皆可通。

又董增齡本「為」誤作「謂」，《鈔評》「惠」作「**惠**」。

50. 夷吾之少也不好弄戲

【按】童本「戲」作「戲」，《鈔評》作「**戲**」，構件「豆」省寫作「丘」。又《鈔評》「弄」作「**美**」。「弄」、「**美**」同於「弊」、「獎」之例。

晉語第九

1. 得國而狃終逢其咎

【按】許本、童本、吳勉學本、道春點本、秦鼎本「逢」作「逢」。

黃刊明道本及其覆刻本、寶善堂本、《補正》、林泰輔點校本、《四部備要》本、《叢書集成初編》「國」作「之」。汪遠孫《攷異》以公序本作「國」字是，《詳注》、《集解》、上古本從公序本作「國」。

2. 【注】謂惠公也狃忕也

【按】遞修本、丁跋本、關修齡《國語略說》、寶善堂本、《集解》「忕」作「忕」，許本誤作「怵」。「忕」為「忕」字之別，曾榮汾謂：「或因文字書寫末筆為求架勢勻稱加點所致，亦或為『大』、『犬』形近，遂混而成俗。」〔註1〕可備說。關修齡云：「得國謂還晉也。言狃於得國，故貪土背賂。」〔註2〕秦鼎引關修齡說。

3. 郭偃曰善哉夫眾口禍福之門也

【按】童本「門」誤作「問」。

吳勉學本「偃」作「偃」，「偃」為「偃」字之俗，《宋元以來俗字譜》見收。

《鈔評》「郭」作「鄗」。「享」之古字形既作「亯」，則「郭」字自可作

〔註1〕 曾榮汾：「忕」字研訂說明，《異體字字典》在線版，http://dict.variants.moe.edu.tw/yitib/frb/frb01046.htm。

〔註2〕 （日）關修齡：《國語略說》第四下，本卷頁12。

「郜」。

活字本、黃刊明道本及其覆刻本、寶善堂本、《補正》、《詳注》、《集解》、《四部備要》本、《叢書集成初編》本、上古本無「也」字，林泰輔本從宋本、董本增「也」字。

4. 監戒而謀謀度而行

【按】童本「監」誤作「堅」。

5. 【注】監察也度揆也察眾口以為戒謀事揆義乃行

【按】丁跋本注多一行。遞修本、活字本、許本、黃刊明道本及其覆刻本、董增齡本、秦鼎本「行」下有「之」字，有「之」字似語義、語氣更爲完足。

6. 而惡滋章夫人美於中必播於外

【按】許本「滋」作「茲」，童本「美」作「義」。

7. 光明之燿也紀言以敍之

【按】丁跋本、閔齊伋本「燿」作「耀」，遞修本、丁跋本「敍」作「紋」。活字本、黃刊明道本及其覆刻本字作「曜」、「敘」，薈要本、文津閣本、秦鼎本字亦作「敘」。張一鯤本、《國語評苑》、吳勉學本、閔齊伋本、文淵閣本、綠蔭堂本、道春點本、千葉玄之本、董增齡本、寶善堂本「敍」作「敘」。汪遠孫《攷異》云：「公序本作『燿』，下同。『曜』、『燿』字通。」〔註3〕

8. 【注】志識也及至也勿忘此古言禍將至也

【按】遞修本、張一鯤本、童本、閔齊伋本、薈要本、文淵閣本、文津閣本、綠蔭堂本、董增齡本、道春點本、千葉玄之本、《詳注》「古」作「占」，秦鼎本誤作「右」，金李本、《叢刊》本「古」字亦「占」字之誤。

活字本、黃刊明道本及其覆刻本注無「勿忘此古言禍將至也」等字，《詳注》、《集解》注從公序本。關修齡云：「『占言』，一本作『志』。愚謂恐『古』字訛。」〔註4〕此作「占言」不誤，關修齡氏說誤。

〔註3〕 （清）汪遠孫：《國語明道本攷異》，頁303。
〔註4〕 （日）關修齡：《國語略說》第四下，本卷頁13。

又《鈔評》「禍」作「徊」，「徊」或亦「禍」字行草書體而作楷書者。

9. 為子君者不亦難乎

【按】童本「君」誤作「人」。

10. 晉饑（穀不熟曰饑）

【按】童本「晉」作「晉」，許本「熟」作「孰」。

黃刊明道本及其覆刻本、寶善堂本、《補正》、《四部備要》本、《叢書集成初編》本無此注文，《詳注》、《集解》從公序本增。

11. 補之薦饑

【按】許本「之」作「乏」，「乏」為「乏」之別文古字，古書上即云「反正為乏」。活字本、吳勉學本、《鈔評》、閔齊伋本、薈要本、文淵閣本、文津閣本、千葉玄之本、秦鼎本、黃刊明道本及其覆刻本、董增齡本等「之」作「乏」。遞修本、金李本、張一鯤本、《國語評苑》、綠蔭堂本、道春點本、《叢刊》本「之」字誤，王鐸批云：「之字當作『乏』，抄寫之譌。」〔註5〕言是，京都大學藏批校本亦朱筆改「之」為「乏」。

又「薦」，丁跋本批云：「古薦字。」閔齊伋本亦有此批語，實為宋庠《補音》之文，丁跋本批校、閔齊伋本皆本《補音》。恩田仲任云：「薦饑，即上文『荐饑』也，言補晉國之荐饑也。」〔註6〕是恩田釋「之」字為代詞，則整個句法結構變為動賓關係，「補」為謂語動詞，而「之薦饑」為表所屬關係之名詞性成份作賓語，此說恐非。關於「薦」、「薦」，拙著《〈國語補音〉異文研究》有詳辨，可參。

12. 【注】厚猶彊也

【按】童本「彊」作「彊」，薈要本、文津閣本作「強」，文淵閣本作「強」。

13. 【注】穀熟則民安

【按】童本「穀」作「穀」。遞修本「熟」作「孰」，許宗魯本作「𤎅」，實亦「孰」字古文。

〔註5〕 （清）王鐸：《王覺斯批校國語讀本》卷九，本卷頁5。
〔註6〕 （日）恩田仲任：《國語備考》，頁11。

14. 【注】狃忕也不擊而歸秦必狃忕而輕我也

【按】丁跋本、道春點本、《集解》「忕」作「忕」，許本「忕」誤作「忨」。

15. 曰昔君之惠寡人未之敢忘

【按】童本「之」作「嘗」。《太平御覽》卷三五一引省「未之」之「之」。《國語》各本皆作「之」，則「嘗」恐童本私自改字。「之」代詞，否定句中作賓語前置。「嘗」副詞，用在助動詞之前、否定副詞之後。又黃刊明道本及其覆刻本、寶善堂本、《補正》等「惠」後有「也」字。

16. 【注】衡橫也雕鏤也

【按】童本「鏤」誤作「樓」。

活字本、黃刊明道本及其覆刻本、董增齡本、《補正》、《詳注》、《集解》、《四部備要》本、《叢書集成初編》本、上古本正文與注文「雕」字皆作「彫」，寶善堂本則字作「雕」。汪遠孫《攷異》云：「公序本『彫』作『雕』，注同。」〔註7〕「彫」、「雕」音同義通。

17. 【注】待其亂將自弊也

【按】遞修本、丁跋本、《鈔評》「弊」作「獘」，活字本、許本、張一鯤本、《國語評苑》、薈要本、文淵閣本、文津閣本、綠蔭堂本、道春點本、千葉玄之本、秦鼎本、黃刊明道本及其覆刻本、董增齡本、寶善堂本、《補正》、《集解》、《備要》本、《叢書集成初編》本、上古本作「斃」。「弊」、「獘」同字，「弊」、「斃」音同可通。

又黃刊明道本及其覆刻本、寶善堂本等無「也」字。

18. 重耳實不肯吾又奚言哉

【按】遞修本、活字本、丁跋本、《鈔評》等《國語》多本字作「肯」，許本字率作「冎」，張一鯤本字作「肖」。

19. 君輯大夫就車君鼓而進之

【按】活字本、丁跋本、薈要本、文淵閣本、文津閣本、黃刊明道本及

〔註7〕 （清）汪遠孫：《國語明道本攷異》，頁304。

其覆刻本「輯」作「揖」，童本「進」誤作「晉」。汪遠孫《攷異》云：「公序本作『輯』，《舊音》作『輯』，云：『或作揖。』」〔註8〕二字音同可通。

20.【注】止戎馬陷焉

【按】許本「陷」作「陷」。

21.【注】諸矦有害人君父者誰不患疾也

【按】童本「誰」誤作「雖」。

活字本、黃刊明道本及其覆刻本、寶善堂本、《補正》、《集解》、《備要》本、《叢書集成初編》本、上古本等無「也」字。

22. 公在秦三月

【按】丁跋本批：「見內傳。」韋昭注文中已言之。《鈔評》「三」誤作「二」。

23.【注】何所施為可以

【按】金李本「可以」後空二格，遞修本、活字本、許本、薈要本、文淵閣本、文淵閣本、文津閣本、黃刊明道本及其覆刻本、董增齡本、寶善堂本等「可以」後有「還君」二字。張一鯤本、《國語評苑》、綠蔭堂本、道春點本、千葉玄之本、秦鼎本「可以」後有「也」字。又秦鼎本「可以」作「以可」，《鈔評》「可以」作「而可」。如無「還君」二字，恐作「以可」、「而可」更當。

24.【注】交夾也

【按】許本「夾」作「結」，汪遠孫《攷異》云：「夾，公序本作『結』。」〔註9〕則汪遠孫《攷異》所謂公序本即據許本。審《國語》各本以及他書所引皆無作「結」者，恐許本「結」字誤。

25.【注】秦伯拘晉矦於靈臺

【按】許本「臺」作「臺」。《鈔評》「晉」、「於」作「晉」、「于」。

〔註8〕（清）汪遠孫：《國語明道本攷異》，頁304。
〔註9〕（清）汪遠孫：《國語明道本攷異》，頁304。

26. 君若來將待刑以

【按】丁跋本本行多 1 字，下行則仍 20 字。活字本、《鈔評》「來」作「来」。

27. 【注】所以不去待爲此也

【按】童本「去」作「出」，亦通，然與《國語》多本不同，當從《國語》多本作「去」。

28. 而使君嘗

【按】丁跋本「君」誤作「若」。

29. 【注】成平也與秦始平而又反之不信

【按】丁跋本「始平」之「平」誤作「卜」，遞修本、活字本、許本「信」後有「也」字。又遞修本「又」誤作「又」。黃刊明道本及其覆刻本、寶善堂本「始平」之「平」誤作「乎」，《四部備要》本、《補正》等字不誤。

30. 【注】言慶鄭擅進還

【按】丁跋本「進」誤作「退」，許本「還」後有「也」字。

遞修本、活字本、黃刊明道本及其覆刻本、寶善堂本、《補正》、《集解》、《備要》本、《叢書集成初編》本注作「言慶鄭擅退也」，當以「進退」爲是，上古本、點校本《集解》從公序本增「進」字。

31. 君親止女不面夷而罪四也

【按】童本、黃刊明道本及其覆刻本「面」作「面」。

32. 趣行事乎（趣司馬行其刑也）

【按】活字本、丁跋本、《國語評苑》、《鈔評》、閔齊伋本、薈要本、文淵閣本、文津閣本、道春點本、千葉玄之本、綠蔭堂本、董增齡本、秦鼎本、黃刊明道本及其覆刻本、寶善堂本等「趣」字作「趣」，遞修本、許本作「趣」。

33. 丁丑斬慶鄭乃入絳

【按】丁跋本、《鈔評》「丑」誤作「壬」。

晉語第十

1. 蓄力一紀可以遠矣

【按】活字本、《百家類纂》本、薈要本、文淵閣本、文津閣本、童本「遠」作「逺」，遞修本、張一鯤本、《國語評苑》、《鈔評》、黃刊明道本及其覆刻本作「遠」。

2. 厭邇逐遠

【按】許本「厭」作「猒」，《百家類纂》本作「猒」，活字本作「厤」，黃刊明道本及其覆刻本作「饜」，辨詳見前文。

3. 歲在壽星及鶉尾

【按】許本「鶉」率作「鷞」。《鈔評》「歲」作「歲」。

4. 【注】正天時以夏■故歲

【按】童本與金李本同，丁跋本空格，許本則作「數」（即「數」字）遞修本、活字本、黃刊明道本及其覆刻本亦作「數」。張一鯤本、道春點本則空格，《國語評苑》則不空，綠蔭堂本、董增齡本作「紀」，薈要本、文淵閣本、文津閣本「數」字作「時」，千葉玄之本、秦鼎本作「正」，張以仁謂金李本、董增齡本、秦鼎本三本「數」皆作「故」〔註 1〕，誤。「故」字本公序本所有而爲明道本所無者。又審秦蕙田《五禮通考》卷一九一《嘉禮六十四・觀象

〔註 1〕 張以仁：《國語斠證》，頁 230。

授時》引韋注作「正」，與秦鼎本同。首先要確認，下注文「歲在鶉尾」前一定有「故」字，明道本無「故」字非是，《詳注》、《集解》從公序本增「故」字。其次，明道本、遞修本「夏」下爲「數」，薈要本、文淵閣本字作「時」，綠蔭堂本、董增齡本爲「紀」，秦蕙田引以及秦鼎本爲「正」，金李本、張一鯤本、穆文熙本、道春點本則無字或空格。審各書引文，如《駢字類編》卷二〇六引則「夏」、「故」之間無字，顯然根據張一鯤本系列。王先謙《漢書補注》引錢大昕則「夏」、「故」之間作「正」字。秦鼎云：「夏正，一作夏數。」〔註 2〕「天時以」之「以」爲介詞。「天時以夏」者，天時用夏，其義與「天時以夏正」、「天時以夏時」同，然恐注文當避重複，故「夏」下作「時」者未如「正」字更允，要之，「夏」、「夏時」、「夏正」皆名詞，「天時以夏（時、正）」爲主述關係，「天時」爲主語，「以夏（時、正）」介賓結構作述語。「紀」、「數」爲動詞，「天時以夏紀／數」爲主謂關係，即「天時」爲主語，「紀／數」爲謂語動詞，而「以夏」介賓結構作狀語表依據。就文義而言，「夏」下有字更勝。就有字者而言，則「正」勝於「時」，而「紀」、「數」皆可，蓋其所傳非一，皆合於文義協於語言規律，不必強劃爲一。

5.【注】歲履在壽星

【按】活字本、丁跋本、張一鯤本、薈要本、文淵閣本、文津閣本、綠蔭堂本、道春點本、千葉玄之校本、秦鼎本、董增齡本、黃刊明道本及其覆刻本「履」作「復」字，活字本、黃刊明道本及其覆刻本、《集解》「歲」後有「星」字。汪遠孫《攷異》謂明道本「歲」後之「星」爲衍文〔註 3〕，《補正》、《詳注》從汪說釐注文爲「歲履在壽星」。

6. 有馬二十乘（四馬爲乘八十匹也）

【按】許本字作「桒」，活字本、閔齊伋本、道春點本、千葉玄之本、秦鼎本等字作「乘」。

活字本、黃刊明道本及其覆刻本、寶善堂本、《集解》、《備要》本、《叢書集成初編》本、上古本韋注「馬」作「匹」，《補正》、《詳注》則從公序本作「馬」，當以作「馬」爲更合。

〔註 2〕 （日）秦鼎：《春秋外傳國語定本》卷一〇，本卷頁 2。
〔註 3〕 （清）汪遠孫：《國語明道本攷異》，頁 305。

7. 【注】在齊一年而桓公卒

【按】丁跋本「一」字之處爲空格，當係漏刻。

8. 【注】患文公不肯去也

【按】遞修本、活字本、丁跋本、《鈔評》、薈要本、文淵閣本、文津閣本、黃刊明道本及其覆刻本、秦鼎本「肯」率作「肯」。凡「肯」，遞修本、活字本、丁跋本、黃刊明道本及其覆刻本、秦鼎本率作「肯」，許本率作「宵」。活字本、黃刊明道本及其覆刻本、寶善堂本無「也」字。

9. 【注】商殷也……商主大火實紀

【按】童本「商」作「商」，薈要本「殷」作「殷」。

10. 偃之肉腥臊

【按】遞修本、活字本、丁跋本、張一鯤本、童本、吳勉學本、閔齊伋本、文淵閣本、文津閣本、道春點本、千葉玄之本、綠蔭堂本、董增齡本、秦鼎本「肉」作「肉」，《鈔評》、薈要本作「肉」。

11. 【注】征行也懷私……輒懷私將無所及

【按】童本「私」誤作「思」，遞修本、丁跋本、張一鯤本、《國語評苑》、薈要本、道春點本、千葉玄之本、黃刊明道本及其覆刻本、董增齡本、綠蔭堂本、秦鼎本「輒」作「輒」，活字本作「私」。

12. 【注】夙蚤也行道也皇暇也

【按】許本「皇」作「遑」，遞修本、活字本、張一鯤本、《國語評苑》、閔齊伋本、綠蔭堂本、薈要本、文淵閣本、文津閣本、道春點本、千葉玄之本、黃刊明道本及其覆刻本、董增齡本、秦鼎本、寶善堂本等正文與注文「皇」作「遑」。李富孫（1764～1843）《春秋三傳異文釋》卷六云：「『不遑啟處』，唐石經『皇』，淳化本同。（襄廿九年《傳》『不遑啟處』，唐石經亦作『皇』）案：《詩》『遑恤我後』，《表記》引作『皇』，《釋言》：『偟，暇也。』偟、遑並俗字。」〔註4〕可爲參證。

〔註4〕 （清）李富孫：《春秋三傳異文釋》，《續修四庫全書》第144冊，頁462下。

13. 【注】西方謂周也詩云誰將西歸

【按】童本「歸」作「歸」。黃刊明道本及其覆刻本無「也」字。

14. 甯莊子言於公（……穆仲靜之子也甯速也）

【按】遞修本、許本、張一鯤本、薈要本、秦鼎本等公序本《國語》各本無「之子也」之「也」字，活字本、《百家類纂》本、童本、黃刊明道本及其覆刻本「甯」作「寗」，《叢書集成初編》本作「寧」，吳勉學本作「寗」，皆可通。活字本、黃刊明道本及其覆刻本無「也」字。「之子也」之「也」字不當有，是金李本、《叢刊》本有衍文。又黃刊明道本及其覆刻本「速」作「遠」，寶善堂本、《四部備要》本、《叢書集成初編》本作「遠」，汪遠孫《攷異》云：「『遠』字誤，公序本作『速』。」〔註5〕《補正》、《詳注》皆改作「速」，上海古籍出版社點校本《國語》、點校本《集解》亦作「速」，《集解》校勘記云：「『速』誤作『遠』，據公序本改。」〔註6〕

15. 【注】族嗣也

【按】許本「嗣」作「享」。

16. 【注】骿並榦也

【按】活字本、童本、《鈔評》、黃刊明道本及其覆刻本「榦」作「幹」，道春點本、千葉玄之本、秦鼎本「榦」作「幹」。「榦」、「幹」、「幹」皆異體字。

17. 謀其將浴設微薄而觀之（謀候也……）

【按】許本、《百家類纂》本、《國語評苑》、吳勉學本、閔齊伋本、薈要本、文淵閣本、文津閣本、道春點本、千葉玄之本、關修齡《略說》、董增齡本、秦鼎本「謀」作「謀」，黃刊明道本及其覆刻本作「謀」。爲避「世」字之諱而改作者。拙稿《李慈銘〈讀國語簡端記〉補箋》有詳辨，可參。

又《百家類纂》本「微」作「微」，活字本作「微」，《國語評苑》、《鈔評》、文津閣本、道春點本、千葉玄之本、關修齡《略說》、秦鼎本作「微」。

〔註5〕（清）汪遠孫：《國語明道本攷異》，頁305。
〔註6〕徐元誥撰，王樹民、沈長雲點校：《國語》（修訂本），頁365。

18. 公子受飧反璧

【按】童本「飧」作「飡」，張一鯤本作「飱」，「歹」、「夕」同字。文津閣本、黃刊明道本及其覆刻本、董增齡本、《補正》、《詳注》、《集解》、《備要》本、《叢書集成初編》本、上古本作「飱」，拙著《小學要籍引〈國語〉研究》、《〈國語補音〉異文研究》有詳辨，可參。

19. 【注】三人狐偃趙衰賈它

【按】丁跋本、《鈔評》「三」誤作「二」。

20. 而好善不厭

【按】許本「厭」作「猒」，《百家類纂》本、《鈔評》作「狀」。「猒」、「狀」正俗字。

21. 【注】樹種也艾報也

【按】許本「種」作「穜」。《說文·禾部》：「種，先穜後孰也。」「穜，埶也。」朱駿聲謂：「經傳種埶字與穜藝字多互借。」〔註7〕是「種」、「穜」可通。又千葉玄之云：「注『樹種也』，春臺太宰氏曰：《說文》注徐云：『樹之爲言豎也。』《廣韻》：『立曰樹。』今此經文宜用『立』之訓。」〔註8〕韋注所釋爲基本義，春臺氏所釋爲語境義，皆可通。

22. 【注】下下甚疾故其聖

【按】遞修本、活字本、許本、薈要本、文淵閣本、文津閣本、黃刊明道本及其覆刻本、董增齡本、綠蔭堂本、秦鼎本「下下」作「下士」，當作「下士」。秦鼎云：「下士，舊作『下下』，今從明本。」〔註9〕

23. 【注】文公鄭厲公之子悎

【按】活字本、許本、薈要本、文淵閣本、文津閣本、道春點本、千葉玄之本、董增齡本、秦鼎本、《補正》、《詳注》、《集解》「悎」作「捷」，遞修

〔註7〕 （漢）許慎：《說文解字》，頁144上。（清）朱駿聲：《說文通訓定聲》，頁31上。
〔註8〕 （日）千葉玄之校刻：《國語》卷一〇，本卷頁8。
〔註9〕 （日）秦鼎：《春秋外傳國語定本》卷一〇，本卷頁7。

本作「㨗」，載籍中多作「捷」字。

24. 【注】資稟也

【按】活字本、許本、《鈔評》、千葉玄之本、黃刊明道本及其覆刻本、《集解》「稟」作「禀」。

25. 【注】伯行狐氏字子空

【按】遞修本注文作「伯行狐突字空」，道春點本、千葉玄之本作「伯行狐突子空」。丁跋本、張一鯤本、童本無「氏字」二字，該處爲空格。活字本、《國語評苑》無「氏字」二字，黃刊明道本及其覆刻本作「伯行狐氏字」。許本、薈要本、文淵閣本、文津閣本、董增齡本、秦鼎本、《補正》、《詳注》、《集解》注文則唯作「伯行狐突字」。又清李鍇（1686～1755）《尙史》卷四六引注文作「伯行狐夫子空也」，《古文淵鑒》卷一引作「狐突伯行之子字子犯」。關修齡云：「狐突子空，『子』恐『字』訛，『空』恐衍瑕也。」〔註10〕秦鼎云：「明本『狐突字』作『狐氏字』，舊作『狐突子空』，誤也。」〔註11〕汪遠孫《攷異》云：「『氏』，公序本作『突』，是也。」〔註12〕從丁跋本等無字有空格的事實看，「空」字恐爲刻書者因此處所據底本有空格故爲之注，非必衍文。然與《國語》本文無涉，此諸家皆所認同者。

26. 【注】天作之首章也

【按】丁跋本「天」誤作「夫」。

27. 武公與晉文矦勠力一心

【按】許本、吳勉學本、文淵閣本、黃刊明道本及其覆刻本、《補正》、《詳注》「勠」作「戮」，注同。「勠」、「戮」音同可通。《國語評苑》、《鈔評》「晉」多作「晋」。

28. 【注】徼要也四者有天前訓兄弟困窮

【按】許本「困窮」作「窮困」，「窮」爲「窮」之別體。

〔註10〕 （日）關修齡：《國語略說》三，本卷頁 20。
〔註11〕 （日）秦鼎：《春秋外傳國語定本》卷一〇，本卷頁 7。
〔註12〕 （清）汪遠孫：《國語明道本攷異》，頁 306。

29. 【注】稷粱也

【按】遞修本、張一鯤本、《國語評苑》、童本、千葉玄之本、秦鼎本「粱」誤作「梁」，活字本誤作「粱」，道春點本作「粱」，黃刊明道本及其覆刻本、董增齡本、寶善堂本、《補正》、《備要》本、《叢書集成初編》本、上古本「粱」作「粱」。沈鎔《詳注》云：「稷，粱也。一名高粱。」〔註13〕《集解》字作「粱」。字當作「粱」，拙稿《唐宋類書引〈國語〉研究》有詳辨，可參。

30. 【注】有一十鎣禾二十車

【按】遞修本、活字本、許本、薈要本、文淵閣本、文津閣本、黃刊明道本及其覆刻本、董增齡本、《補正》、《詳注》、《集解》「一」作「二」，又許本、薈要本、文淵閣本、文津閣本「二」作「五」，活字本、黃刊明道本及其覆刻本無「二」字。《札記》云：「此見《周禮・秋官・掌客》。當云『卅車』。別本作『二十車』，亦誤。二十車者，非上公。」〔註14〕汪遠孫《攷異》云：「重刻一本『十』上有『二』字，『十』上有五字。《考正》云皆非，依《周禮》鄭注，當作『禾三十車』。」〔註15〕《詳注》、《集解》從汪說作「三十車」。王樹民、沈長雲校勘記云：「禾三十車，公序本原作『禾二十車』，明道本作『十車』，皆無，此據《周禮・秋官・掌客》之文改正而未作說明。」〔註16〕《集解》實襲《詳注》，非必據《周禮》而「未作說明」。

又活字本、寶善堂本「鎣」作「饗」，黃刊明道本及其覆刻本「鎣」作「甈」，《攷異》謂：「《說文》有『甖』無『甈』。」〔註17〕既爲計量單位，當爲容器，故字從「缶」、從「瓦」皆合於義，唯從「食」則恐字誤。

31. 【注】我德不脩也

【按】活字本、童本、文淵閣本、黃刊明道本及其覆刻本、董增齡本、千葉玄之本「脩」作「修」，且活字本、黃刊明道本及其覆刻本無「也」字。

〔註13〕 沈鎔：《國語詳注》卷一〇，本卷頁5。
〔註14〕 （清）黃丕烈：《校刊明道本韋氏解國語札記》，頁254。
〔註15〕 （清）汪遠孫：《國語明道本攷異》，頁306。
〔註16〕 徐元誥撰，王樹民、沈長雲點校：《國語集解》（修訂本），頁366。
〔註17〕 （清）汪遠孫：《國語明道本攷異》，頁306。

32. 王曰不可曹詩曰彼己之子不遂其媾郵之也

【按】金李本本行 21 字，童本 20 字。

33. 【注】曹風蜉蝣之三章也媾厚於其寵也郵過也

【按】遞修本、活字本、薈要本、文淵閣本、文津閣本、黃刊明道本及其覆刻本、董增齡本、秦鼎本「蜉蝣」作「候人」，汪遠孫《攷異》云：「候人，公序本作『蜉蝣』，誤。」〔註18〕秦鼎云：「候人，舊作『蜉蝣』，今從明本。」〔註19〕

遞修本、活字本、許本、薈要本、文淵閣本、文津閣本、黃刊明道本及其覆刻本「厚於其寵也」作「厚也遂終也」。汪遠孫《攷異》謂金李本誤。

又《鈔評》「於」作「于」。

34. 【注】魯僖二十二年逃歸

【按】童本「歸」作「歸」。

35. 【注】婚禮嫡入于室媵御奉匜盥揮灑也

【按】童本「嫡」作「嫡」，許本「灑」作「洒」。

36. 【注】季子晉大夫胥臣曰季也……其禮不同則子圉道路之人可以取其女

【按】活字本、許本、張一鯤本、薈要本、文淵閣本、文津閣本、黃刊明道本及其覆刻本、董增齡本、秦鼎本「曰」作「臼」，綠蔭堂本誤作「白」。

又遞修本、許本、薈要本、文津閣本、黃刊明道本及其覆刻本、董增齡本、秦鼎本「其禮」作「其德」，文淵閣本作「其姓」。

又遞修本、活字本、許本、秦鼎本「女」作「妻」，黃刊明道本及其覆刻本無「季也」之「也」，薈要本、文淵閣本、文津閣本、黃刊明道本及其覆刻本、寶善堂本、《補正》、《集解》、《備要》本、《叢書集成初編》本、上古本「取其女」作「妻其妻」，董增齡本、《詳注》作「娶其妻」。千葉玄之云：「當作『臼季』。」又引友節曰：「注『其女』之『女』疑『妻』字之誤。」〔註20〕

〔註18〕 同上。
〔註19〕 （日）秦鼎：《春秋外傳國語定本》卷一〇，本卷頁 9。
〔註20〕 （日）千葉玄之：《韋注國語》卷一〇，本卷頁 13。

關修齡亦云：「『曰季』乃『臼』訛，『其禮』恐『德』誤。『其女』，盧本作『妻』，是。」〔註21〕所疑是，作「女」字或爲所據之本作「妻」字而「妻」字有脫，遂誤以爲「女」字。汪遠孫《攷異》云：「上『妻』作『取』。」〔註22〕即指公序本而言者，作「妻」字亦通。

37. 【注】別爲大宗別子之庶孫乃無小宗耳

【按】童本「小」誤作「卜」。

遞修本、活字本、張一鯤本、《國語評苑》、薈要本、文淵閣本、文津閣本、道春點本、千葉玄之本、綠蔭堂本、黃刊明道本及其覆刻本、董增齡本、秦鼎本、寶善堂本等「無」作「爲」，金李本、《叢刊》本「無」字誤。

38. 姬酉祁巳滕箴任荀

【按】許本「酉祁」作「亞祈」，活字本、黃刊明道本及其覆刻本、寶善堂本等字作「己」、「箴」，遞修本、文淵閣本、文津閣本、董增齡本「巳」作「已」，秦鼎本字作「己」，徐元誥《集解》改作「紀」，故書中未見有引作「紀」字者。汪遠孫《攷異》引陳樹華（1730～1801）說謂從「竹頭」作「箴」爲正。

道春點本「祁」誤作「祁」。又張一鯤本、道春點本「滕」作「媵」。

39. 黷則生怨怨亂毓災

【按】童本「亂」作「亂」。活字本、黃刊明道本及其覆刻本、董增齡本、寶善堂本、《補正》、《詳注》、《集解》、《備要》本、《叢書集成初編》本、上古本「災」作「災」。

40. 【注】更成婚禮逆親迎也

【按】童本「迎」作「逆」。

41. 卒事秦伯謂其大夫曰爲禮而不終恥也

【按】許本「卒」作「卒」。活字本、吳勉學本、黃刊明道本及其覆刻本、《補正》「恥」作「恥」。

〔註21〕（日）關修齡：《國語略說》三，本卷頁20。
〔註22〕（清）汪遠孫：《國語明道本攷異》，頁307。

42. 中不勝貌恥也（勝當為稱中不稱貌情貌相違也）

【按】許本「貌」作「皃」。張一鯤本、《國語評苑》、吳勉學本、薈要本、道春點本、千葉玄之本、黃刊明道本及其覆刻本「恥」作「耻」。

活字本、黃刊明道本及其覆刻本、寶善堂本、《補正》、《集解》、《備要》本、《叢書集成初編》本、上古本無「也」字。

43. 明日燕秦伯賦采叔（采叔三章屬小雅……）

【按】活字本、童本、黃刊明道本及其覆刻本「叔」作「菽」。汪遠孫《攷異》云：「公序本『菽』作『叔』。案：古豆名作『尗』，假借作『叔』，『菽』字非古也。《詩》釋文亦作『叔』。」〔註23〕關修齡謂：「『叔』，《詩》作『菽』，古字通。」〔註24〕言是。

又薈要本、文淵閣本、文津閣本注「三」作「五」，審今《詩・小雅・采菽》即分五章，「三」、「五」形近易混。

活字本、黃刊明道本及其覆刻本、寶善堂本、《補正》、《詳注》、《集解》、《備要》本、《叢書集成初編》本、上古本注文作「采菽小雅篇名」。汪遠孫《攷異》謂公序本注文非是，實公序本注文亦通。

44. 【注】道邵伯述職勞來……悠悠南行邵伯勞之

【按】許本「邵」作「召」。活字本、黃刊明道本及其覆刻本無「悠悠南行邵伯勞之」八字注文，《攷異》已揭出。

又活字本、黃刊明道本及其覆刻本、寶善堂本、《四部備要》本、《叢書集成初編》本「述」作「出」，汪遠孫《攷異》謂公序本「述」字是。《補正》、《詳注》、《集解》、上古本改「出」作「述」，《詳注》、《集解》、上古本且出「悠悠南行邵伯勞之」八字。

45. 重耳之卬君也

【按】遞修本、許本、吳勉學本、張一鯤本、童本、《鈔評》、薈要本等《國語》多本「卬」作「卬」，是《叢刊》本「印」字誤。又活字本、文淵閣本、黃刊明道本及其覆刻本作「仰」。「卬」、「仰」古今字，汪遠孫《攷異》

〔註23〕（清）汪遠孫：《國語明道本攷異》，頁307。
〔註24〕（日）關修齡：《國語略說》三，本卷頁20。

已揭出。

46. 濟河整師以復疆周室重耳之望也

【按】遞修本、活字本、丁跋本、黃刊明道本及其覆刻本、董增齡本、關修齡《略說》、秦鼎本「疆」作「彊」，「疆」、「彊」音近，義亦相會，拙著《〈國語補音〉異文研究》有詳辨，可參。關修齡云：「『彊』舊作『疆』，時周室封疆猶全。今正爲『彊』，葢謂復於周室彊盛。」〔註25〕秦鼎則謂「彊」字誤，改從明本，實不必改。

又黃刊明道本及其覆刻本「整」作「𢳖」，「𢳖」爲「整」字之俗，《龍龕手鑒》收之。

47. 【注】道尹吉甫佐……以佐天子其三章……以匡佐天子

【按】許本「佐」作「左」。黃刊明道本及其覆刻本「匡」作「𰚾」，「𰚾」爲避諱闕筆字。

48. 【注】禮曰某子尚享之

【按】許本「享」作「亯」。

49. 【注】一夏連山二殷歸藏三周易

【按】許本「藏」作「臧」。

50. 【注】閉壅也震為動

【按】許本「壅」作「𡐫」。

51. 【注】車雷也班徧也

【按】遞修本、活字本、許本、張一鯤本、《國語評苑》、薈要本、文淵閣本、文津閣本、黃刊明道本及其覆刻本、董增齡本、綠蔭堂本、道春點本、千葉玄之本、秦鼎本、寶善堂本、《補正》、《詳注》、《集解》「雷」作「震」，恐金李本、《叢刊》本「雷」字爲「震」字之誤。江永《禮書綱目》卷七三、王宏《周易筮述》卷七引字作「雷」，與金李本同。

〔註25〕　（日）關修齡：《國語略說》三，本卷頁18。

52.【注】在山上爲泉源流而不竭也

【按】活字本、許本、黃刊明道本及其覆刻本、董增齡本「源」作「原」，又活字本、黃刊明道本及其覆刻本、寶善堂本、《補正》、《備要》本、《叢書集成初編》本無「上」與「也」字，《詳注》、上古本、點校本《集解》無「也」字。元胡一桂（1247～？）《周易本義啓蒙翼傳》下篇、明張次仲（1589～1676）《周易玩辭困學記》卷一、清毛奇齡（1623～1716）《仲氏易》卷五引注與活字本、黃刊明道本同，汪遠孫《攷異》謂明道本脫「上」字。綠蔭堂本、綠蔭堂本《國語》《國策》合刊本、道春點本、千葉玄之本、關修齡《略說》、董增齡本「上」作「下」。明何楷《古周易訂詁》卷二引注作「下」，《禮書綱目》卷七三、清劉紹攽《周易詳說》卷一七、清王宏《周易筮述》卷七引注則作「上」。京都大學藏本批云：「坎在上，而今引而下之，故曰泉源以資之。」〔註26〕關修齡云：「水泉潤物，以資給于土，是謂坎卦。不必取於互體矣。」〔註27〕又云：「山下，一本作『上』，二卦並，坎在艮上，『山上』爲是。」〔註28〕則作「山下」爲誤說，恐自文盛堂本即已誤，而綠蔭堂本、道春點本、董增齡本沿襲其誤。

53. 小事不濟甕也（……小人之事甕……）

【按】許本「甕」作「㒰」。

54.【注】因晉大夫周太史

【按】遞修本、許本「太」作「大」。黃刊明道本及其覆刻本「晉」作「晉」。

55.【注】賈侍中以爲閏餘十八閏……

【按】童本「閏」皆作「閏」，「王」、「玉」本同字。

56.【注】南有晉水子爕改爲晉矦故參爲晉星

【按】許本、薈要本、文淵閣本、文津閣本、董增齡本、秦鼎本、《補正》、《詳注》、《集解》「爕」作「變」，二字異體字。黃刊明道本及其覆刻本「晉」

〔註26〕（日）林信勝點校：《國語》卷一〇，本卷頁15。
〔註27〕（日）關修齡：《國語略說》三，本卷頁19。
〔註28〕同上，本卷頁19～20。

作「晉」。

57. 【注】遷于商丘祀大火

【按】丁跋本、《備要》本「丘」字闕筆作「𠀉」。張一鯤本、《國語評苑》、道春點本、千葉玄之本、綠蔭堂本、董增齡本、秦鼎本、《補正》、《詳注》「于」作「於」，道春點本「祀」誤作「祀」，董增齡本「丘」作「北」，《詳注》「丘」作「邱」。《鈔評》「商丘」誤作「商仁」。

58. 如穀之滋必有晉國

【按】許本「滋」作「茲」。活字本、黃刊明道本及其覆刻本「穀」作「穀」，吳勉學本作「穀」。《鈔評》「晉」作「晋」。

59. 【注】今言嗣續其祖明趣同也

【按】許本「嗣」字作「享」，《鈔評》「嗣」誤作「詞」。

許本、張一鯤本「趣」作「趣」，遞修本、活字本、《國語評苑》、薈要本、文淵閣本、文津閣本、道春點本、千葉玄之本、黃刊明道本及其覆刻本、董增齡本、秦鼎本「趣」作「趣」。

黃刊明道本及其覆刻本、寶善堂本、《補正》、《備要》本、《叢書集成初編》本、上古本「言」作「有」，黃刊明道本及其覆刻本「有」字或當爲「言」字之誤，《集解》改作「言」。

60. 【注】子孫將繼續其先祖如穀之蕃滋

【按】許本「滋」作「茲」。《鈔評》「繼」、「蕃」作「継」、「番」。

61. 臣筮之得泰之八（乾下坤上泰遇泰無動爻筮爲侯泰……）

【按】遞修本、活字本、丁跋本、許本、《國語評苑》、《鈔評》、薈要本、文淵閣本、文津閣本、千葉玄之本、黃刊明道本及其覆刻本、董增齡本、綠蔭堂本等「泰」作「泰」，「泰」爲「泰」字之俗。

62. 天地配亨小往大來（陽下陰升故曰配亨……）

【按】許本「亨」作「亯」。

63. 令狐曰衰桑泉皆降

【按】遞修本、活字本、許本、張一鯤本、吳勉學本、《鈔評》、黄刊明道本及其覆刻本等「曰」作「臼」，是金李本、《叢刊》本「曰」字誤。千葉玄之已揭出，京都大學藏本也於「曰」字上朱筆加圈上書「臼」字。

《鈔評》「桑」作「**桒**」，「**桒**」亦「桑」之俗。

64. 廬柳（甲午魯僖二十四年二月六日廬柳晉地軍猶屯也）

【按】活字本、《鈔評》「柳」作「桺」，許本作「桺」，《國語評苑》、道春點本作「桺」，童本作「桺」，皆「柳」字之或體。《札記》云：「李鋭爲予推之曰：『六』當作『四』。」〔註29〕《攷異》引《札記》爲說，《集解》直引李鋭（1768～1817）之說。

65. 【注】命使三日一宿而至若汝也

【按】許本、黄刊明道本及其覆刻本、《補正》、《集解》、《備要》本、《叢書集成初編》本、上古本「汝」作「女」。

66. 伊尹放太甲而卒以為明王（太甲湯孫……）

【按】許本、《集解》「太」作「大」，《左傳‧襄公二十一年》作「大甲」。黄刊明道本及其覆刻本、寶善堂本、《補正》、《備要》本、《叢書集成初編》本無「以」字，依例當有，汪遠孫《攷異》已揭出，《詳注》、《集解》、上古本增「以」字。

67. 佐相以終

【按】許本「佐」作「左」。

68. □成令名今君之德宇何不寬裕也（宇覆也）

【按】許本「宇」作「寓」。「成令名」上空格，童本則塗黑。遞修本、活字本、許本、薈要本、文淵閣本、文津閣本、黄刊明道本及其覆刻本有字作「克」。金李本或有脫文，而童本沿襲之。關修齡云：「舊無『克』字，今依《評鈔》、盧本補之。」〔註30〕其所謂「舊」當亦金李本之類。

〔註29〕 （清）黄丕烈：《校刊明道本韋氏解國語札記》，頁255。
〔註30〕 （日）關修齡：《國語略說》卷三，本卷頁21。

69. 公懼乘馹自下脫會秦伯于王城（馹傳也……）

【按】許本、《鈔評》「馹」作「驛」。審《日知錄》卷二九「驛」字條、《尚史》卷四八、鄭方坤（1639～？）《經稗》卷八「乘驛乘遽」引《國語》字亦作「驛」，與許本同，朱駿聲謂：「馹爲傳車，驛爲馬騎。」〔註31〕則「驛」字義亦可通，然審本文既作「乘Ｘ」，則自以作「馹」字更合。又黃刊明道本及其覆刻本、寶善堂本、《四部備要》本、《叢書集成初編》本注「馹」誤作「馴」，汪遠孫《攷異》已揭出。

又吳勉學本「于」作「於」。黃刊明道本及其覆刻本「脫」作「脫」。

70. 文公之出也

【按】丁跋本批：「見內傳。」《左傳》在僖公二十四年。

71. 豎頭須守藏者也（……從竊藏以逃盡用以求納公）

【按】許本「藏」作「臧」，「納」作「內」。《鈔評》「須」作「湏」，「藏」作「蔵」。黃刊明道本及其覆刻本、寶善堂本「竊」作「竊」，「竊」爲「竊」之別體，《龍龕手鑒》收之。

72. 從者為羈紲之僕

【按】許本「紲」作「絏」，注字則未改。同於「洩」、「泄」之理。

黃刊明道本及其覆刻本、寶善堂本「羈」、「僕」作「覊」、「儌」，「儌」爲「僕」字異體，《干祿字書·入聲》：「儌僕，上俗下正。」〔註32〕「覊」爲「羈」字之俗。

73. 元年春公及夫人嬴氏至自王城（文公元年魯僖二十四年賈侍中云是月失閏）

【按】《國語評苑》本行24字，金李本22字，薈要本、文淵閣本、文津閣本、綠蔭堂本、董增齡本 21 字，童本、張一鯤本、《鈔評》、道春點本、秦鼎本、寶善堂本 20 字，閔齊伋本 19 字，遞修本、丁跋本、吳勉學本、千葉玄之本 18 字，活字本 17 字。許本雖然也是 20 字，然「二十」合占一字

〔註31〕 （清）朱駿聲：《説文通訓定聲》，頁 469 下。
〔註32〕 施安昌編：《顏眞卿書干祿字書》，頁 57。

之格。

《鈔評》「嬴」、「城」誤作「𠃅」、「成」，省減韋注亦未能得當。又活字本「夫人」之「夫」誤作「失」。

74. 救乏振滯匡困資無（救乏救乏絕也……）

【按】許本「乏」誤作「正」，本反「正」爲「乏」，此處刻誤。

75. 【注】國之貴臣尊寵之

【按】遞修本、活字本、許本、薈要本、文淵閣本、文津閣本、黃刊明道本及其覆刻本、寶善堂本、《補正》、《詳注》、《集解》、《備要》本、《叢書集成初編》本、上古本「寵」作「禮」，秦鼎云：「尊寵，一作尊禮。」〔註33〕關修齡釋之爲「貴戚權寵」〔註34〕。就正文「尊貴寵」三字而言，當爲動賓結構，「貴」、「寵」爲並列賓語，即注文之「貴臣」，故注文以作「尊禮」爲更合。《鈔評》「國」作「国」。

76. 【注】故舊為公子時也

【按】丁跋本、許本「公」誤作「父」。

活字本、黃刊明道本及其覆刻本、寶善堂本、《補正》、《備要》本、《叢書集成初編》本、上古本無「也」字。

77. 胥籍狐箕

【按】許本「籍」不改字。《鈔評》「籍」作「藉」。

78. 【注】遠官縣鄙也

【按】許本「鄙」不改字。活字本、黃刊明道本及其覆刻本「鄙」作「郵」。

活字本、黃刊明道本及其覆刻本、寶善堂本、《補正》、《集解》、《備要》本、《叢書集成初編》本、上古本無「也」字。

〔註33〕 （日）秦鼎：《春秋外傳國語定本》卷一〇，本卷頁19。
〔註34〕 （日）關修齡：《國語略説》卷三，本卷頁21。

79.【注】襄王弟大叔帶也是為甘

【按】許本「甘」誤作「曰」。張一鯤本〔註35〕、活字本、黃刊明道本及
其覆刻本、寶善堂本、《補正》、《詳注》、《備要》本、《叢書集成初編》本、
上古本「大」作「太」。

活字本、黃刊明道本及其覆刻本、寶善堂本、《補正》、《詳注》、《集解》、
《備要》本、《叢書集成初編》本、上古本「弟」前有「之」字。

80.【注】襄王以為大子又娶于陳曰惠后

【按】許本「曰」誤作「口」。活字本、黃刊明道本及其覆刻本、董增齡
本、寶善堂本「大」作「太」。

又活字本「后」誤作「侯」。

活字本、張一鯤本、《國語評苑》、道春點本、千葉玄之本、黃刊明道本
及其覆刻本、綠蔭堂本、秦鼎本「于」亦作「於」。

81. 使來告難亦使告于秦

【按】丁跋本本行多一字，下行首字移至本行最末。活字本「來」作
「来」，吳勉學本、《詳注》、《集解》「于」作「於」。

82.【注】親親君也未知義故未和也

【按】許本「和」字未改。

黃刊明道本及其覆刻本、寶善堂本、《補正》、《集解》、《備要》本、《叢
書集成初編》本、上古本無「也」字。

83. 公說乃行賂于草中之戎與麗土之翟以求東

【按】遞修本、活字本、許本、張一鯤本〔註36〕、黃刊明道本及其覆刻
本、寶善堂本、《補正》、《詳注》、林泰輔本、《集解》、上古本「求」作「啓」。
《皇王大紀》卷四二、《通鑑外紀》卷五引字作「啓」，《繹史》卷四九、《駢
字類編》卷一八八引字作「求」。汪遠孫《攷異》云：「金本『啓』作『求』，
案『啓』字是也。」〔註37〕秦鼎本唯揭出明道本、公序本之異，然未改字。

〔註35〕 本頁為鈔配，非張一鯤本原刻。
〔註36〕 王鐸批校本《國語》本文所在書頁為鈔補者，和張一鯤本原刻不完全相同。
〔註37〕 （清）汪遠孫：《國語明道本攷異》，頁309。

字當以作「啓」字爲勝。

又張一鯤本、董增齡本、《詳注》、《集解》「于」作「於」，活字本、黃刊明道本及其覆刻本等「翟」作「狄」。

84.【注】成周周東都郟王城也

【按】許本「都」作「鄼」。黃刊明道本及其覆刻本、寶善堂本、《補正》、《集解》、《備要》本、《叢書集成初編》本、上古本無「也」字。

85.【注】三君云隧王之塋禮

【按】遞修本、活字本、許本、薈要本、文淵閣本、文津閣本、綠蔭堂本、董增齡本、黃刊明道本及其覆刻本、寶善堂本等「塋」作「葬」。審武威漢簡、晉代墓誌中即有「塋」形，爲「葬」之異體字。

86. 君定王室而殘其姻族民將焉放（放依也）

【按】許本「依」作「𠂤」，爲「依」之別體。《說文·𠂤部》：「𠂤，歸也。从反身。」徐鉉引徐鍇（920～974）云：「古人所謂反身修道，故曰歸也。」〔註38〕《正字通》云：「𠂤，舊註音衣，歸也。《正譌》：从反身，取𠂤歸義，殷字从此聲。別作依倚也。據此說，『依』、『𠂤』同音異義，分爲二。《六書本義》音義與《正譌》同，今用依。《同文舉要》：𠂤，歸附也。今从人从衣聲。據此說，𠂤、依同音同義，合爲一。」〔註39〕是許本作「𠂤」的理據。

87. 敢私布之於吏

【按】童本「私」率作「私」。許本「私」字亦多作「私」。黃刊明道本及其覆刻本此處字亦作「私」。

黃刊明道本及其覆刻本、寶善堂本、《補正》、《詳注》、《備要》本、《叢書集成初編》本、上古本無「之」字，《集解》、林泰輔本從公序本增「之」字。

〔註38〕 （漢）許慎：《說文解字》，頁170上。

〔註39〕 （明）張自烈撰，（清）廖文英續：《正字通》，《續修四庫全書》第234冊，頁42上。

88. 【注】諜間候也

【按】童本「諜」誤作「謂」。黃刊明道本及其覆刻本注作「諜開候」，正文字亦作「諜」，活字本注亦無「也」字。《國語評苑》、薈要本、文淵閣本、文津閣本、道春點本、千葉玄之本、董增齡本、秦鼎本「諜」作「諜」。

89. 民之所庇也不可失也（庇蔭也）

【按】童本「蔭」作「陰」，亦不可言誤，然不與《國語》各本同，基於童本的地位，當從其他各本作「蔭（陰）」。張一鯤本、《國語評苑》、道春點本、千葉玄之本、綠蔭堂本、董增齡本、秦鼎本字作「廕」。《說文》無「廕」字，《左傳·文公七年》「則本根無所庇廕矣」陸德明《釋文》云：「廕，本又作蔭。」〔註40〕《爾雅·釋言》「庇，廕也」郝懿行《義疏》云：「廕者『蔭』之或體也。」〔註41〕

90. 【注】盟門原地也請降退一舍而請降

【按】遞修本、許本「原地也」下作「傳曰退一舍而原降」。活字本、黃刊明道本及其覆刻本正文及注文「盟」字皆作「孟」，無「也」字，其他注文與遞修本、許本同。薈要本、文淵閣本、文津閣本注與遞修本同。汪遠孫《攷異》云：「公序本『孟』作『盟』，注同。古字通。」〔註42〕今審《左傳·僖公二十五年》作「退一舍而原降」，則遞修本、許本、活字本、黃刊明道本及其覆刻本注與《左傳》同，點校本《集解》據黃刊明道本改。汪遠孫《攷異》謂：「傳曰，公序本作『請降』，『原』作『請』。」〔註43〕是據金李本而言。

91. 文公立四年楚成王伐宋

【按】丁跋本批：「見內傳。」此章昭已注出者，在《左傳》魯僖公二十七年。

〔註40〕　（唐）陸德明：《經典釋文》，上海古籍出版社1985年影宋刻宋元遞修本，頁947。
〔註41〕　（清）郝懿行：《爾雅郭注義疏》上之二，上海古籍出版社1983年影郝氏家刻本，本卷頁28。
〔註42〕　（清）汪遠孫：《國語明道本攷異》，頁309。
〔註43〕　（清）汪遠孫：《國語明道本攷異》，頁310。

92. 【注】四年魯僖二十七年冬也

【按】許本「七」誤作「一」。

93. 【注】魯僖二十八年春晉矦侵曹伐衞傳曰楚始得背而又伐宋

【按】遞修本、許本「始得」下作「瞽而新婚於衞」，遞修本「瞽」作「曹」。活字本、黃刊明道本及其覆刻本、秦鼎本、寶善堂本、《補正》、《詳注》、點校本《集解》、《備要》本、《叢書集成初編》本、上古本「始得」下作「曹而新婚於衞（衞）也」〔註44〕，又活字本、《鈔評》「曹」作「曺」。董增齡本「始得」下作「曹而新昏於衞也」。薈要本、文淵閣本、文津閣本「背」作「曹」。「昏」、「婚」古今字。關修齡云：「《傳》僖二十七年，但『而又伐宋』作『而新昏於衞』。衞侯欲與楚、晉侯執曹並在僖二十八年。韓之戰在僖十五年。」〔註45〕審《左傳・僖公二十七年》作「楚始得曹而新昏於衞」，伐宋事則在僖公二十八年。遞修本等從《左傳・僖公二十七年》事。關修齡已指出注文的問題，云：「《傳・僖二十七年》但『而又伐宋』作『而新昏於衞』，衞侯欲與楚、晉侯執曹並在僖二十八年。」〔註46〕要之，注文可統一作「傳曰：楚始得曹而新昏於衞，而又伐宋」。《叢刊》本「背」字爲「曹」字之誤，這是可以肯定的。「昏」、「婚」古今字。

94. 宋人使門尹班告急於晉

【按】許本「急」率作「怂」。審《說文》「急」作「𢚊」，謂從心及聲。隸定爲「急」。

95. 藉之告楚（藉與齊秦之勢使請宋於楚）

【按】許本「藉」字未改。活字本、黃刊明道本及其覆刻本、寶善堂本、《補正》、《詳注》、《集解》、《備要》本、《叢書集成初編》本、上古本注「藉」作「借」，「藉」、「借」二字通。又活字本正文「藉」作「籍」。關修齡云：「藉與，恐『於』字訛。」〔註47〕故關修齡釋爲：「宋借齊秦使爲請

〔註44〕 由下文引《左傳・僖公二十七年》文可知，《左傳》原文無「也」字，故點校本《集解》（修訂本）斷句作：「《傳》曰，『楚始得而新婚於衞』也。」（頁354）無逗號亦通。

〔註45〕 （日）關修齡：《國語略說》卷三，本卷頁23。

〔註46〕 同上。

〔註47〕 同上。

楚。」〔註 48〕關修齡氏恐誤解文本。秦鼎本注無「與」字，或即據關修齡之說。

96. 令尹子玉使宛春來告

【按】童本「玉」作「王」，「玉」、「王」實亦同字，然童本之時代「玉」、「王」區分界限當很明顯，故童本「王」字誤。

97. 怨已多矣難以擊人

【按】許本「以」誤作「目」，實欲刻作「㠯」，形近而誤作。

98. 不若私許復曹衛以攜之（攜離也）

【按】丁跋本、《鈔評》「攜」誤作「欈」，遞修本、許本、張一鯤本、吳勉學本、文淵閣本、文津閣本、道春點本、《略說》、黃刊明道本及其覆刻本、董增齡本、秦鼎本、寶善堂本字作「攜」。

99. 既單而後圖之

【按】遞修本、活字本、許本、張一鯤本、《鈔評》等《國語》各本「單」俱作「戰」，是金李本、吳勉學本、《叢刊》本「單」字為「戰」字之誤。

100. 子玉釋宋圍從晉師楚師

【按】遞修本、活字本、許本、《鈔評》、薈要本、文淵閣本、文津閣本、黃刊明道本及其覆刻本、董增齡本、寶善堂本「楚師」作「楚既」，《繹史》卷五一下引字亦作「既」。秦鼎亦指出公序本、明道本之異。就本文語境而言，作「楚師」、「楚既」皆可通，因楚師的動作為「陳（陣）」，以引起下文晉師退避三舍的行為，「楚師陳（陣）」或「楚既陳（陣）」都可以成立，「陳（陣）」是非延續性動詞，表狀態。

101. 【注】時楚王避元公之德入於申

【按】遞修本、許本、董增齡本「元」作「文」，「於」作「居」。《國語評苑》、《鈔評》、薈要本、文淵閣本、文津閣本、道春點本、千葉玄之本「元」作「文」，《鈔評》、文淵閣本、文津閣本「於」作「于」。

〔註48〕同上。

　　活字本、黃刊明道本及其覆刻本、寶善堂本、《補正》、《備要》本、《叢書集成初編》本、上古本注作「時楚王避文公之德還居申」，汪遠孫《攷異》已揭出二者之異，《集解》注從董增齡本。秦鼎云：「入於，一作『還居』。」〔註49〕此一問題的關鍵在於「申」字的歸屬，若「申」此時已爲楚國屬地，則字作「居」更合；若此時申還是諸侯國，則字作「入於」爲當。史載，姜姓申國春秋初年爲楚文王所滅，則此時申當爲楚國屬地，故字以作「居」爲更當。字作「元」者未知是字誤還是避諱。審明俞汝楫《禮部志稿》卷六四《書牘‧定書箚式》云：「洪武三年，上諭中書省臣曰：今日於書箚多稱頓首、載拜、百拜，皆非實禮。其定爲儀式，令人遵。又小民不知避忌，取先聖、先賢、漢唐國寶等字以爲名字，宜禁革之。於是禮部定議，凡致書於尊者，稱『端肅』奉書；答則稱『端肅奉覆』，敵己者稱『奉書』、『奉覆』，上之與下稱『書寄』、『書答』，卑幼與尊長則曰『家書敬覆』，尊長與卑幼則云『書付某人』。其名字有天、國、君、臣、聖、神、堯、舜、禹、湯、文、武、周、漢、晉、唐等國號相犯者，悉令更之。」〔註50〕亦或金李本等因此而改「文」爲「元」，當然也不排除因字跡模糊誤「文」作「元」的可能性。

102. 且楚師老矣

　　【按】童本「且」作「且」。

103. 【注】老癹也

　　【按】遞修本、活字本、許本、薈要本、文淵閣本、文津閣本、黃刊明道本及其覆刻本、董增齡本、秦鼎本「癹」作「罷」。關修齡云：「老謂罷病。」〔註51〕秦鼎云：「罷也，舊作『久也』，今從明本。」〔註52〕所從者是。

104. 詹請往鄭伯弗許

　　【按】遞修本、活字本、許本、張一鯤本、童本、《國語評苑》、吳勉學本、道春點本、千葉玄之本、黃刊明道本及其覆刻本、董增齡本等「詹」率作「詹」。

〔註49〕　（日）秦鼎：《春秋外傳國語定本》卷一〇，本卷頁22。
〔註50〕　（明）俞汝楫：《禮部志稿》，《景印文淵閣四庫全書》第598冊，頁87下。
〔註51〕　（日）關修齡：《國語略說》卷三，本卷頁23。
〔註52〕　（日）秦鼎：《春秋外傳國語定本》卷一〇，本卷頁22。

105. 詹曰臣願獲盡辭而死固所願也

【按】遞修本、活字本、丁跋本、許本、張一鯤本、吳勉學本、黃刊明道本及其覆刻本等「願」俱作「愿」，《宋元以來俗字譜》收「愿」字，爲「願」之俗字。《鈔評》「辭」作「辤」。

106. 詹曰天降鄭禍

【按】丁跋本「詹」作「詹」。

107. 棄禮違親

【按】丁跋本批：「於曹不禮公子，與觀狀之罪同。」是申韋注。關修齡云：「前章叔詹曰：『親有天，禮兄弟。』故謂鄭棄違之者，天禍使然。」〔註53〕關修齡氏所釋似更合。

108. 據鼎耳而疾號曰

【按】遞修本、活字本、許本、綠蔭堂本、道春點本、千葉玄之本、董增齡本、黃刊明道本及其覆刻本等「鼎」多作「鼎」，《鈔評》作「鼎」。《俗書刊誤》謂「鼎」爲「鼎」之別體，作「鼎」字爲非，則可見在焦竑（1540～1620）的時代「鼎」早已作爲「鼎」的俗字存在了。「曰」、「目」形近且上下結構的字，「曰」字更易密合上下結構，不會使上下結構結合在一起顯得過於瘦長。「鼎」的下半部分構件是個左右結構，「鼎」字左邊構件「爿」和「片」近似，「片」減省可寫作「ㅓ」，「ㅓ」在版刻中和「扌」形近，故而混作。「鼎」字右邊構件「片」和「斤」形近，故而「鼎」字右下角的構件「片」也有寫作「斤」者，而「斤」字和「斥」字又形近易混，故得有「鼎」形。又張一鯤本、《鈔評》「據」作「攄」，「攄」爲「據」之或體。

109. 【注】謂使民事各得其時

【按】丁跋本「時」誤作「職」。

110. 其章大矣不可廢也（章著也）

【按】遞修本、許本「著」作「箸」，二字混作。詳見拙著《小學要籍引〈國語〉研究》。

〔註53〕（日）關修齡：《國語略說》卷三，本卷頁23。

111. 【注】尚助也上軍或言新上軍非也

【按】遞修本、活字本、許本、黃刊明道本及其覆刻本、董增齡本、秦鼎本、寶善堂本、《補正》、《集解》、《備要》本、《叢書集成初編》本、上古本「助」作「齒」，又黃刊明道本及其覆刻本等無「也」字。千葉玄之引友節曰：「『尚助也』疑衍文。」〔註54〕本句上文正文爲「其齒又長」，此處「尚齒也」或當爲上文「齒」字注文，正當作「齒尚也」，而誤置於此處。

112. 【注】以道事其君賴其功當有賞

【按】遞修本、活字本、許本、張一鯤本、《國語評苑》、《鈔評》、薈要本、文淵閣本、文津閣本、道春點本、千葉玄之本、董增齡本、秦鼎本「玏」作「功」，金李本、《叢刊》本「玏」字誤。

又活字本、許本、張一鯤本、《鈔評》「賴」作「頼」。

黃刊明道本及其覆刻本無此注，汪遠孫《攷異》已揭出，《集解》從公序本增此注。

113. 【注】倫伍也三子晉大夫

【按】遞修本、活字本、許本、黃刊明道本及其覆刻本、寶善堂本、《補正》、《詳注》、《集解》、《備要》本、《叢書集成初編》本、上古本「伍」作「匹」。「伍」、「匹」義、形皆相近，皆可。朱駿聲《說文通訓定聲》引注字作「伍」。《太平御覽》卷二七二作「倫疋（匹）」，卷四三二作「倫輩也」，也不相同。《鈔評》「晉」作「晋」。

114. 【注】義宜也

【按】許本「宜」作「冝」，黃刊明道本及其覆刻本作「宜」。

115. 【注】耳不別五聲之和曰聾

【按】許本「和」字未改，童本「別」誤作「則」。

116. 至于兄弟以御于家邦

【按】許本「邦」作「𨞚」。

117. 【注】叔夜叔夏季隨季騧

【按】許本「騧」誤作「禍」。

118. 【注】伊尹佚皆周大史

【按】許本、活字本、黃刊明道本及其覆刻本、董增齡本等「大」作「太」。

119. 【注】直主擊鎛鎛鍾也

【按】丁跋本「鎛鍾」之「鎛」誤作「鍾」。黃刊明道本及其覆刻本、寶善堂本、《補正》、《備要》本、《叢書集成初編》本「主」作「直」，汪遠孫《攷異》謂公序本「主」字是，《詳注》、上古本從汪遠孫說改作「主」。汪遠孫《攷異》云：「直鎛，《禮記·王制》疏、《周禮·考工記》疏引《國語》『直』作『植』。」〔註55〕《集解》從汪氏說改字作「植」。

120. 【注】璆玉磬也

【按】童本「玉」作「王」，從上文童本多個「玉」作「王」看，或有意爲之，非誤書。黃刊明道本及其覆刻本等無「也」字。

121. 文公即位二年

【按】丁跋本批：「見內傳。」在《左傳》僖公二十五年。

122. 【注】信謂上令以三日之糧糧盡不降命去之

【按】童本「盡」作「盡」。《鈔評》「糧」作「粮」。

123. 郤溱佐之

【按】許本字作「左」、「㞢」，「㞢」爲「之」字篆書「㞢」之直接楷化字。

124. 【注】使申公叔侯戍之

【按】活字本、《鈔評》「戍」誤作「戌」，丁跋本「戍」誤作「戊」。

〔註55〕 （清）汪遠孫：《國語明道本攷異》，頁311。

晉語第十一

1. 【注】耡茠也野饋曰饁詩云饁彼田畝

【按】活字本、許本、黃刊明道本及其覆刻本、寶善堂本、《補正》、《備要》本、《叢書集成初編》本、上古本「茠」作「耘」。

又許本「畝」作「晦」，薈要本作「畝」，文淵閣本、文津閣本、董增齡本作「畝」，黃刊明道本及其覆刻本作「畝」。

活字本、黃刊明道本及其覆刻本、寶善堂本、《補正》《備要》本、《叢書集成初編》本、上古本正文及注「耡」作「薅」、「田」作「南」，《詳注》字亦作「薅」，《集解》從公序本作「茠」、「耡」，實「耡」、「薅」義同。今《詩‧豳風‧七月》字作「南」，活字本等從《詩》。實當從《詩經》本文。關修齡亦云：「『田畝』乃『南』訛。」〔註1〕另詳見拙稿《〈藝文類聚〉引〈國語〉校證》。

2. 【注】與呂郤謀弒公焚公宮秦伯殺之故也

【按】遞修本、許本、《鈔評》「弒」作「殺」。「弒」、「殺」之辨，詳見拙著《〈國語補音〉異文研究》。

遞修本、活字本、許本、黃刊明道本及其覆刻本、秦鼎本、寶善堂本、《補正》、《詳注》、《備要》本、《叢書集成初編》本、上古本、點校本《集解》「郤」作「甥」、「故」作「是」。千葉玄之云：「注『呂郤』當作『呂甥』。」〔註2〕

〔註1〕 （日）關修齡：《國語略説》卷三，本卷頁25。
〔註2〕 （日）千葉玄之：《韋注國語》卷一一，本卷頁1。

關修齡《略說》亦言之，汪遠孫《攷異》已揭出。「故」、「是」義皆可通，然就行文習慣而言，恐以「是」字爲最常見。

又活字本「宮」誤作「官」。

3.【注】以襄公能繼父志

【按】許本「繼」作「𢇍」，活字本作「継」，《鈔評》「襄」、「繼」作「裦」、「継」。《說文·糸部》：「繼，續也。从糸、𢇍。一曰反𢇍爲繼。」〔註3〕

4.【注】傳曰襄公以父命賞胥臣曰舉

【按】遞修本、活字本、許本、黃刊明道本及其覆刻本、秦鼎本、寶善堂本、《補正》、《集解》、《備要》本、《叢書集成初編》本、上古本「父」作「再」，許本「曰」誤作「口」。審《左傳·僖公三十三年》云：「襄公以三命命先且居將中軍，以再命命先茅之縣賞胥臣。」則作「再」者從《左傳》，關修齡云：「『父』乃『再』誤。」〔註4〕亦當從《左傳》爲說。

5.【注】處父晉太傅陽子也

【按】活字本、許本「太」作「大」。

活字本、《國語評苑》、《鈔評》、千葉玄之本「晉」作「晋」。

6.【注】合謂情也皃也言也三者合而後行釁隟也

【按】遞修本、活字本、許本、黃刊明道本及其覆刻本、《集解》「隟」作「瑕」，《鈔評》作「過」，「瑕」、「隟」、「過」義亦相會。

活字本、張一鯤本、薈要本、文淵閣本、文津閣本、《國語評苑》、《鈔評》、綠蔭堂本、道春點本、千葉玄之本、黃刊明道本及其覆刻本、董增齡本、秦鼎本、寶善堂本、《補正》、《備要》本、《叢書集成初編》本、上古本「皃」作「貌」。

又活字本、黃刊明道本及其覆刻本、寶善堂本、《補正》、《備要》本、《叢書集成初編》本、上古本注文「合謂情也皃也言也」作「合謂情、言、貌也」，《集解》注文作「合謂情也，言也，文也」而無說。汪遠孫《攷異》云：「公

〔註3〕 （漢）許慎：《說文解字》，頁272上。
〔註4〕 （日）關修齡：《國語略說》卷三，本卷頁25。

序本作『謂情也皃也言也』。」〔註5〕公序本、明道本語序、虛詞不同。「情」、「皃」、「言」三字的語序大約得之正文「夫皃（貌），情之華也。言，皃（貌）之機也。身爲情，成於中。言，身之文也。」明道本韋注語序實亦從此得來，亦通。《集解》改「貌」作「文」，恐誤。

7. 子之皃濟其言匱非其實也（濟成也言不副皃為匱匱乏也）若中不

【按】丁跋本本行 21 字，下行首字移至本行最末。活字本、張一鯤本、《國語評苑》、吳勉學本、閔齊伋本、文淵閣本、道春點本、千葉玄之本、黃刊明道本及其覆刻本、董增齡本、秦鼎本、寶善堂本、《補正》、《詳注》、《集解》、《備要》本、《叢書集成初編》本、上古本「皃」作「貌」。

8. 【注】言思察之詳親

【按】遞修本、許本「親」作「孰」，閔齊伋本、道春點本、千葉玄之本、活字本、薈要本、文淵閣本、文津閣本、黃刊明道本及其覆刻本、董增齡本、秦鼎本、寶善堂本、《補正》、《集解》、《備要》本、《叢書集成初編》本、上古本作「熟」。「孰」、「熟」古今字。道春點本等祖本皆爲張一鯤本，然張一鯤本與金李本同，則道春點本或別有所本。王引之謂《晉語》本句之義爲「相時而發之」。《鈔評》注無「親」字，疑金李本、張一鯤本等「親」字誤。

9. 【注】主上也言性剛直而高尚其材能也

【按】丁跋本、《鈔評》「上」誤作「直」。許本、閔齊伋本、道春點本、千葉玄之本、秦鼎本「上」作「尚」，汪遠孫《攷異》云：「上，公序本作『尚』，下『高上』同。」〔註6〕則知汪遠孫所據爲許宗魯本。活字本、黃刊明道本及其覆刻本「尚」亦作「上」，「材能」後無「也」字，又活字本「材」作「才」。注文後字作「尚」而前字作「上」，實當一律。

10. 【注】唐尚書云晉蒐于夷舍二軍……蒐于夷舍二軍領放國之制

【按】許本「二」作「弍」。遞修本、活字本、許本、薈要本、文津閣本、

〔註5〕（清）汪遠孫：《國語明道本攷異》，頁312。
〔註6〕（清）汪遠孫：《國語明道本攷異》，頁312。

－239－

黃刊明道本及其覆刻本、董增齡本、秦鼎本、寶善堂本、《補正》、《詳注》、《集解》、《備要》本、《叢書集成初編》本、上古本「領放」作「復成」，文淵閣本「領放國」作「復三軍」。

張一鯤本、《國語評苑》、閔齊伋本、道春點本、千葉玄之本、秦鼎本、《集解》「于」作「於」，《國語評苑》、道春點本、千葉玄之本「二」作「三」。秦鼎云：「五軍，舊作『三軍』。『二軍』，舊作『三軍』。今從陳、明二本。」〔註7〕關修齡云：「《傳》文：五年，晉作三軍，在僖二十七年。愚按：僖三十一年，晉作五軍。今舍二軍，復大國三軍之制。故謂復成國之制。」〔註8〕字恐以作「復」爲是。

11. 【注】因趙盾以爲主盾升之於公朝莫蹂遠也

【按】許本「蹂遠」作「喻近」，遞修本、《鈔評》、薈要本、文淵閣本、文津閣本、董增齡本、秦鼎本作「喻速」，活字本、黃刊明道本及其覆刻本、寶善堂本、《補正》、《集解》、《備要》本、《叢書集成初編》本、上古本字作「暮喻速」，《文章正宗》卷六引注文亦作「莫喻速」。千葉玄之云：「『蹂遠』，華本作『喻近』，是也。」〔註9〕關修齡謂：「『蹂遠』恐『喻速』訛。」〔註10〕汪遠孫《攷異》亦謂公序本「速」作「近」，或皆據許本。明陳霆（1477～1550）《兩山墨談》卷三引注則作「喻遠」，或即據金李本、張一鯤本之類。則「遠」爲「速」字之誤，許本「近」字義亦合，唯不與《國語》眾本同。《鈔評》「於」作「于」。徐元誥《集解》謂「朝」非「公朝」，實當爲「朝暮」之「朝」，徐氏所言「朝」義甚是。然韋注爲串講句義，韓厥確實由趙盾舉薦給晉靈公，確實躋身於靈公之朝，韋注也不誤。二者角度不同。

12. 吾言汝於君懼汝不能也

【按】許本「汝」作「女」。《鈔評》「能」作「𤷾」。

黃刊明道本及其覆刻本、寶善堂本、《補正》、《詳注》、《集解》、《備要》本、《叢書集成初編》本、上古本「汝」作「女」。

〔註7〕　（日）秦鼎：《春秋外傳國語定本》卷一一，本卷頁3。
〔註8〕　（日）關修齡：《國語略説》，本卷頁26。
〔註9〕　（日）千葉玄之：《韋注國語》卷一一，本卷頁3。
〔註10〕　（日）關修齡：《國語略説》，本卷頁26。

13.【注】勉之始終其志是行今所行也

【按】遞修本、活字本、許本、黃刊明道本及其覆刻本、董增齡本「始」作「勸」。秦鼎云：「始終，明本作『勸修』。」〔註11〕實非，張以仁已指出秦鼎本失檢，且謂「『勸終』『始終』義皆可通，未知孰是」〔註12〕。就文義而言，「勸」字似更合語境。

又黃刊明道本及其覆刻本、寶善堂本、《補正》、《備要》本、《叢書集成初編》本「今」作「令」，汪遠孫《攷異》云：「『令』作『今』，《治要》同。」〔註13〕字當作「今」，上古本、《集解》從公序本作「今」。

14. 靈公虐趙宣子

【按】丁跋本批云：「見內傳。」《左傳》事在宣公二年。《鈔評》「虐」作「𧆦」。

15.【注】虐厚歛以雕牆

【按】遞修本、丁跋本、文淵閣本、黃刊明道本及其覆刻本、董增齡本、寶善堂本「歛」作「斂」。

丁跋本、《鈔評》、黃刊明道本及其覆刻本、寶善堂本、《補正》、《集解》、《備要》本、《叢書集成初編》本、上古本等「牆」作「墻」。《鈔評》「虐」作「𧆦」。皆異體字關係，詳見拙著《〈國語補音〉異文研究》。

又董增齡本「雕」作「彫」而無說，「雕」、「彫」音同可通。

16. 賊國之鎮不忠受命而廢之不信享一名於此不若死

【按】許本「享」作「亯」。《鈔評》「廢」作「癈」，「於」作「于」。

活字本、黃刊明道本及其覆刻本、寶善堂本、《補正》、《集解》、《備要》本、《叢書集成初編》本、上古本「若」作「如」。「如」、「若」義同。《冊府元龜》卷七六四引字作「若」，與公序本同。

17. 觸廷之槐而死

【按】許本「觸」作「𧣴」，《玉篇》謂「𧣴」為「觸」之古文，亦作左

〔註11〕（日）秦鼎：《春秋外傳國語定本》卷一一，本卷頁3。
〔註12〕張以仁：《國語斠證》，頁246。
〔註13〕（清）汪遠孫：《國語明道本攷異》，頁312。

右結構。《鈔評》「廷」作「延」，活字本、文淵閣本、黃刊明道本及其覆刻本、寶善堂本、《補正》、《詳注》、《集解》、《備要》本、《叢書集成初編》本、上古本「廷」作「庭」。薈要本、文津閣本正文作「庭」，注文作「廷」。汪遠孫《攷異》已經揭出公序本、明道本之異。關修齡謂：「趙盾之庭槐。蓋庭誤作廷，註引不允。」〔註 14〕秦鼎云：「或云『廷』『庭』壞字，此謂宣子家庭也。」〔註 15〕徐元誥《集解》亦謂：「宋庠本庭作『廷』，非是。」〔註 16〕實「廷」、「庭」二字可通。

18. 爕乎吾聞之（爕武子之子文子也）

【按】許本、薈要本、文淵閣本、文津閣本、董增齡本、寶善堂本「爕」作「燮」。

19. 干人之怒必獲毒焉

【按】丁跋本「干」誤作「于」。

20. 有秦客廋辭於朝（廋隱也……非敢試之乃與為隱耳是也）

【按】許本「廋」作「庾」，遞修本、活字本、許本、黃刊明道本及其覆刻本、董增齡本、秦鼎本、寶善堂本、《補正》等「試」作「詆」。千葉玄之已指出一本「試」字作「詆」，秦鼎則以「試」字爲誤，從明道本作「詆」，張以仁亦引秦鼎說爲說。《漢書・東方朔傳》字作「詆」。就文義語境而言，恐以字作「詆」字更合。又薈要本「隱」作「隐」。又黃刊明道本及其覆刻本、寶善堂本等無「乃」、「是也」，義亦通。

21. 郤獻子請以徇

【按】丁跋本、許本、《鈔評》「徇」誤作「狥」。

22. 【注】傷於矢也傳曰流血及屨

【按】許本、《鈔評》「屨」作「履」。審《左傳》本書多本皆作「屨」。《北堂書鈔》卷一一八、卷一二一、《冊府元龜》卷三九四引《左傳》字則作「履」，

〔註 14〕 （日）關修齡：《國語略說》卷三，本卷頁 27。
〔註 15〕 （日）秦鼎：《春秋外傳國語定本》卷一一，本卷頁 4。
〔註 16〕 徐元誥撰，王樹民、沈長雲點校：《國語集解》（修訂本），頁 380。

《北堂書鈔》卷一三九、《冊府元龜》卷八四五引則作「屨」,《太平御覽》、《皇王大紀》、《事類備要》、《文章正宗》、《通志》等引皆作「屨」。李富孫《春秋三傳異文釋》卷二於各書徵引「履」、「屨」雜出之事亦頗辨析。要在「屨」、「履」形、義皆近。許氏、《鈔評》「屨」作「履」者或緣此。

23. 曰余病喙（喙短氣皃）

【按】活字本、丁跋本、張一鯤本、《國語評苑》、閔齊伋本、道春點本、千葉玄之本、黃刊明道本及其覆刻本、董增齡本、秦鼎本、寶善堂本等「皃」作「貌」。

24. 【注】周匝也華齊地不注山名

【按】許本、董增齡本「匝」作「帀」,「帀」、「匝」古今字。關修齡云:「『華,齊地;不注,地名』恐誤舛,杜預註《傳》云:『華不注,山名。』」〔註17〕是以杜注質疑韋注。拙稿《唐宋類書引〈國語〉研究》、《〈白氏六帖事類集〉引〈國語〉校證》於「華不注」頗多辨析,可參。

25. 【注】齊矦來以靡笄之役故服而朝晉便也在魯成三年

【按】活字本、許本、黃刊明道本及其覆刻本、寶善堂本等「服而」下有「來」字,許本「晉」字下無「便」字,活字本、黃刊明道本及其覆刻本、寶善堂本等無「便也」二字。

薈要本、文淵閣本、文津閣本、綠蔭堂本、道春點本、千葉玄之本、董增齡本、秦鼎本「便」作「侯」。「便」字不辭,恐為「侯」字之誤。

26. 曰寡君使克也不腆弊邑之禮

【按】許本「弊」作「敝」,活字本誤作「幣」。《通鑑外紀》卷六引作「弊」,《冊府元龜》卷七四七引作「敝」,閔齊伋本、薈要本、文淵閣本、文津閣本亦作「敝」。「敝」、「敝」同字,「敝」、「弊」可通。

27. 【注】憖願也御人婦人也願以此報君御人之笑己者

【按】遞修本、活字本、許本、張一鯤本、薈要本、文淵閣本、文津閣本、道春點本、千葉玄之本、董增齡本、綠蔭堂本、秦鼎本「願」作「願」。

黃刊明道本及其覆刻本、寶善堂本、《四部備要》本、《叢書集成初編》本、上古點校本「憖」作「整頓也」，汪遠孫《攷異》已揭出黃刊明道本「整頓」爲「憖願」之誤，上古點校本唯引《攷異》爲說。《補正》已改「頓」作「願」，《集解》改「整」、「頓」作「憖」、「願」。沈鎔云：「憖，說也。」〔註18〕《集解》引王引之爲說且言黃刊明道本字誤，可從。

28. 傳爲速也若竢吾辟之則加遲矣

【按】遞修本、活字本、丁跋本、許本、《鈔評》、黃刊明道本及其覆刻本、寶善堂本等「竢」作「俟」，《通志》引亦作「俟」，「竢」、「俟」字同。

活字本、黃刊明道本及其覆刻本、寶善堂本等「辟」作「避」，黃刊明道本及其覆刻本「遲」作「遟」。

又活字本、黃刊明道本及其覆刻本、寶善堂本等無「之」字。

29. 【注】主爲山川主也孔子

【按】丁跋本「子」誤作「了」。

30. 【注】知辨智也

【按】許本「智」作「䜤」，「亐」、「于」同字，故「䜤」亦作「𣊸」，《說文·白部》：「𥄢，識詞也。从白从亐从知。」〔註19〕日本學者白川靜（1910～2006）云：「金文『智』字从矢从口从日，……小篆譌爲從白。《說文》據小篆、古文析形誤。」〔註20〕黃侃（1886～1935）云：「𣊸，古文『智』。」「𥄡由知來。」〔註21〕拙著《〈國語補音〉異文研究》有詳辨，可參。

31. 庇州犂焉

【按】許本「犂」皆作「犇」。「犇」爲《說文》「犣」字之直接楷化字形。《鈔評》「犂」作「犁」。

〔註18〕 沈鎔：《國語詳注》卷一一，本卷頁 4。

〔註19〕 （漢）許慎：《說文解字》，頁 74 下。

〔註20〕 轉引自白冰《青銅器銘文研究——白川靜金文學著作的成就與疏失》，上海：學林出版社 2007 年版，頁 216。

〔註21〕 黃侃箋識、黃焯編次：《廣韻校錄》，上海古籍出版社 1985 年版，頁 296。黃侃：《黃侃手批說文解字》，上海古籍出版社 1987 年版，頁 229。

晉語第十二

1. 【注】遂以摯見於卿大夫

【按】許本「遂」誤作「從」。遞修本、活字本、張一鯤本、《國語評苑》、閔齊伋本、綠蔭堂本、道春點本、千葉玄之本、黃刊明道本及其覆刻本、董增齡本、秦鼎本、寶善堂本、《補正》等「摯」作「贄」,「贄」、「摯」音同義通,正當作「贄」。

活字本「大」誤作「太」,黃刊明道本及其覆刻本、寶善堂本等無「於」字。薈要本、文淵閣本、文津閣本、董增齡本「於」作「于」。

又薈要本、文淵閣本、文津閣本、秦鼎本「卿」作「鄉」。《札記》云:「別本下有『先生』二字。段云:此當作『鄉大夫先生』,鄉大夫謂每鄉卿一人之鄉大夫。及同一鄉中,仕至卿大夫者,《鄉飲酒禮》、《鄉射禮》所謂遵者也。鄉先生,同一鄉中,嘗仕爲卿大夫而致仕者也。皆見《儀禮》鄭注。必皆云鄉者,謂同一鄉。《周禮》重鄉飲、鄉射,以鄉三物賓興之意也。唐賈、孔《儀禮》、《禮記》正義作『卿大夫』,誤。陸氏《禮記》釋文音『香』,不誤。韋云『鄉大夫先生』,省下『鄉』字,正可見韋所據作『鄉大夫』也。下文臚舉若而人,安知不有致仕者乎?」汪遠孫《攷異》云:「『卿大夫』,今本《士冠禮》作『鄉大夫』,《儀禮》賈疏、《禮記》孔疏竝作『卿』。據韋注引《禮》之意,『卿』字是也。《初學記·禮部下》亦作『卿』。」〔註1〕《札記》與《攷異》不同,秦鼎本、《補正》、《集解》、上古本從《札記》,點校本《集解》則

〔註1〕 (清)黃丕烈:《校刊明道本韋氏解國語札記》,頁 257。(清)汪遠孫:《國語明道本攷異》,頁 313。

作「卿」，與《攷異》說同。張以仁《斠證》以《攷異》說爲是，引王引之《經義述聞》足成《攷異》之說。

2.【注】駒伯晉卿郤錡也

【按】丁跋本「郤」誤作「邵」，《鈔評》誤作「卻」。

又《鈔評》「晉」作「晋」，「錡」誤作「錡」。

活字本、黃刊明道本及其覆刻本、寶善堂本、《補正》、《備要》本等無「也」字。

3. 如草木之產也

【按】許本「草」作「艸」。

4.【注】道達也志記也佐助也先君文子也

【按】遞修本、活字本、許本、《鈔評》、薈要本、文淵閣本、文津閣本、黃刊明道本及其覆刻本、董增齡本、秦鼎本、寶善堂本、《補正》、《集解》、《備要》本、《叢書集成初編》本、上古本「子」作「公」，千葉玄之云：「注『文子也』誤，當作『文公也』。」〔註2〕

又活字本、黃刊明道本及其覆刻本、寶善堂本等正文、注文「道」作「導」，「道」、「導」古今字。關修齡釋「道」爲「由」，義亦相會。

5.【注】方所在□方賄□□

【按】遞修本、活字本、許本、薈要本、文淵閣本、文津閣本、黃刊明道本及其覆刻本、董增齡本、秦鼎本、寶善堂本等空格處分別爲「之」、「財也」。張一鯤本、《國語評苑》、《鈔評》、童本、綠蔭堂本、道春點本、千葉玄之本則與金李本字同，且不空格。關修齡云：「『方所在方賄』恐誤，應『方賄所在之賄』。」〔註3〕是未見正本而斷之者。秦鼎云：「舊脫『之』、『財』、『也』三字，今從明本。」〔註4〕是秦鼎本從黃刊明道本。

6.【注】苦成叔郤犨欒黶欒書之子栢子也

【按】丁跋本「栢」誤作「相」，綠蔭堂本「栢」誤作「栢」。

〔註2〕（日）千葉玄之：《韋注國語》卷一二，本卷頁2。
〔註3〕（日）關修齡：《國語略說》卷三，本卷頁29。
〔註4〕（日）秦鼎：《春秋外傳國語定本》卷一二，本卷頁3。

　　黃刊明道本及其覆刻本「犫」作「犨」，活字本、閔齊伋本、薈要本、文淵閣本、文津閣本、黃刊明道本及其覆刻本、董增齡本等「桓」字不避諱。

　　7.【注】恭王莊王之子箴也

　　【按】活字本、許本、道春點本、千葉玄之本、黃刊明道本及其覆刻本、寶善堂本等「箴」作「箴」。活字本、黃刊明道本及其覆刻本、寶善堂本等「莊王」上有「楚」字。

　　8.【注】今絳草也急疾呼茅蒐成靺也凡染一入

　　【按】許本、董增齡本「草」作「艸」，許本「一」作「弌」。
　　活字本「成」字處空格，似漏刻。
　　活字本、張一鯤本、《國語評苑》「凡」作「几」。
　　綠蔭堂本「入」誤作「人」。

　　9. 拜君之命辱為使者故取三肅焉（禮軍事肅拜肅拜下手至地也）君

　　【按】丁跋本本行21字，移下行首字於本行最末。《鈔評》無「辱」字，「焉」字誤作「之」，「軍」誤作「君」。

　　10.（荊楚也）大夫欲戰

　　【按】許本注文與「大」之間空一格，故末行字移至下行首字，下以此類推。《鈔評》「欲」作「𣣓」。

　　11. 今吾司寇之刀鋸日弊（刀鋸小人之刑也弊敗也日敗用之數也）

　　【按】許本、《鈔評》「弊」作「獘」。文淵閣本正文字作「獘」。
　　遞修本、閔齊伋本、薈要本、文淵閣本、文津閣本、道春點本、秦鼎本「寇」作「寇」，活字本、張一鯤本、《國語評苑》、《鈔評》、綠蔭堂本、千葉玄之本、黃刊明道本及其覆刻本「寇」作「宼」。
　　活字本、黃刊明道本及其覆刻本、寶善堂本、《補正》等無「刑也」下之「也」字。

　　12. 以忍去過（忍以義斷也）

　　【按】許本「斷」作「斲」。

13. 【注】外者刑不及

【按】遞修本、活字本、許本、《鈔評》、黃刊明道本及其覆刻本、寶善堂本等「及」下有「也」字。

14. 【注】距猶自也偏偏有一也

【按】許本無「有」字，「一」作「弎」。

活字本、黃刊明道本及其覆刻本正文及注文「距」作「詎」、無「一也」之「也」字。中國社科院語言所編《古代漢語虛詞詞典》引明道本《晉語六》二例謂「詎」爲連詞，「用於複句的前一分句，表示假設，可譯爲『如果』」，並謂：「連詞『詎』僅見於《國語》，而且總與副詞『非』搭配使用。」〔註 5〕明道本「詎」字實亦僅 2 見，皆在《晉語六》本章。如按照《古代漢語虛詞詞典》解釋，則字以作「詎」爲正。

15. 【注】不義而彊其弊必速

【按】許本、《國語評苑》、文津閣本、綠蔭堂本「弊」作「獘」。

綠蔭堂本「必」誤作「人」，審王懋竑《國語存校》所據本即作「人」字，當即據張一鯤本之覆刻本如文盛堂本之類。

薈要本、文淵閣本「彊」作「強」，文津閣本作「强」。

16. 怠教而重斂

【按】活字本、許本、《鈔評》、薈要本「斂」作「歛」。

17. 【注】其左右欲以胥童夷羊

【按】許本「羊」作「陽」，審古書中「胥童夷羊」之「羊」字亦有作「陽」者，則許本未可爲誤，唯不與《國語》各本同。

18. 【注】十八年正月使程滑殺公葬之以車一乘不成喪

【按】活字本、許本、黃刊明道本及其覆刻本、寶善堂本等「喪」下有「也」字。

活字本、黃刊明道本及其覆刻本、寶善堂本等「殺」作「弒」。

〔註 5〕中國社會科學院語言研究所古代漢語研究室編：《古代漢語虛詞詞典》，北京：商務印書館 1999 年版，頁 318。

19. 【注】烈業也服者眾謂魯成公十二年會于瑣澤敗狄于交剛

【按】許本「狄」作「翟」。遞修本、張一鯤本、薈要本、文淵閣本、文津閣本、道春點本、千葉玄之本、黃刊明道本及其覆刻本、綠蔭堂本、董增齡本、秦鼎本、寶善堂本等無「公」字。審韋注每云「魯×××年」不出「公」字,則此處亦以不出「公」字爲是。

張一鯤本、道春點本、千葉玄之本、綠蔭堂本、秦鼎本「于」作「於」。董增齡本「會于」之「于」作「於」。

又按照公序本的慣例,字當作「翟」。而此處之所以作「狄」,可知其用字亦頗雜出,非完全守其版本之例。

20. 鄢陵之役荊厭晉軍(厭謂掩其不備也傳曰甲午晦楚晨厭晉軍而陳)

【按】許本「厭」作「壓」,黃刊明道本及其覆刻本作「壓」。

活字本、黃刊明道本及其覆刻本、寶善堂本、《補正》、《集解》、《備要》本、《叢書集成初編》本無「陵」、「也」、「晨」字,明道本多本「陳」作「陣」。遞修本「晨厭」之「厭」作「壓」。汪遠孫《攷異》云:「『壓』上,公序本有『晨』字,此依《內傳》增也。」〔註6〕《詳注》、上古本依公序本增「晨」字。董增齡本無「掩」字,當係誤脫。千葉玄之謂「傳曰」爲《左傳》成公十六年〔註7〕,是。審《春秋》作「甲午晦,晉侯及楚子、鄭伯戰於鄢陵」,又《左傳》「六月,晉、楚遇於鄢陵」,則或當以作「鄢陵」爲是。

21. 曰夷竈堙井非遄而何(夷平也堙塞也……)

【按】許本「堙」作「壐」。多本「遄」作「退」。

22. 曰君驕泰而有烈

【按】遞修本、活字本、許本、閔齊伋本、薈要本、文淵閣本、文津閣本、綠蔭堂本、千葉玄之本、黃刊明道本及其覆刻本、董增齡本、寶善堂本等「泰」作「泰」,《國語評苑》誤作「秦」。

〔註6〕 (清)汪遠孫:《國語明道本攷異》,頁314。
〔註7〕 (日)千葉玄之:《韋注國語》卷一二,本卷頁8。

23. 【注】傳曰因楚公子茷

【按】童本、《詳注》「茷」作「茂」,《鈔評》、薈要本「茷」作「茷」,汪遠孫謂「茷」當作「茂」,云:「此成十六年《傳》文。『茷』是『茂』字之誤,《內傳》作『茂』,《外傳》作『發鉤』。合兩字爲一聲,如勃鞮爲披,壽夢爲乘之比。《漢書・蒯伍江息夫傳贊》應劭注正作楚公子茂,《內傳釋文》:『茷,扶廢反。』《正義》云:《晉語》謂之王子發鉤,蓋一名一字也。是此字唐初本已誤作『茷』,韋注亦後人据誤本《內傳》改之。」〔註8〕《詳注》、《集解》從汪遠孫。遞修本、活字本、《鈔評》、薈要本、文淵閣本、文津閣本、綠蔭堂本、黃刊明道本及其覆刻本、董增齡本、秦鼎本、《補正》、《集解》「因」作「囚」。千葉玄之云:「『因』字誤,當作『囚』。」〔註9〕關修齡亦揭出。

遞修本、活字本、《國語評苑》、綠蔭堂本、董增齡本、《集解》本章與上章不分,活字本、閔齊伋本、薈要本、文淵閣本、文津閣本、黃刊明道本及其覆刻本、寶善堂本、《補正》、《詳注》、《備要》本、《叢書集成初編》本、上古本則分爲二章。當分爲二章。

24. 【注】胥之昧胥童也

【按】童本「昧」誤作「財」。

25. 仁人不黨（不羣黨也）

【按】許本「羣」字未改。活字本、黃刊明道本及其覆刻本、寶善堂本、《補正》、《集解》等無「也」字。活字本、《鈔評》「羣」作「群」。

26. 【注】鈞等也等一死不欲爲亂也

【按】童本「亂」作「乱」,「乱」爲「亂」字之俗。活字本、黃刊明道本及其覆刻本、寶善堂本等無「亂也」之「也」。秦鼎云:「一死,舊作『之死』,今從明本。」〔註10〕今審所參據《國語》他本中無作「之死」者,他書亦未見有引用作「之死」者,恐秦鼎誤識。

〔註8〕 （清）汪遠孫:《國語發正》卷一二,本卷頁3。
〔註9〕 （日）千葉玄之:《韋注國語》卷一二,本卷頁10。
〔註10〕 （日）秦鼎:《春秋外傳國語定本》卷一二,本卷頁9。

27. 今治政而內亂不可謂德除鯁而避強不可謂刑

【按】許本、《國語評苑》、《鈔評》、秦鼎本「強」作「強」，活字本、黃刊明道本及其覆刻本、寶善堂本等「強」作「彊」，汪遠孫《攷異》云：「公序本『彊』作『強』。」〔註11〕皆可通，詳見拙稿《〈國語補音〉異文研究》。又《鈔評》「可」誤作「然」。

28. 【注】鯁害也

【按】丁跋本「鯁」作「鯁」，「灬」本爲「火」之別體，亦因與「大」形近而多作「大」，「魚」、「臭」即此類。《鈔評》正文作「鯁」，注仍作「鯁」。

29. 欒武子中行獻子圍公於匠麗氏

【按】活字本、童本、《鈔評》「圍」作「圍」，凡以「韋」爲構件之字，童本「韋」大多作「幇」。

丁跋本本行 18 字，本行末二字移至下行行首。

30. 獻子辭曰殺君以求威

【按】童本「辭」作「辭」。

活字本、黃刊明道本及其覆刻本、寶善堂本等「殺」作「弑」。秦鼎引淇云：「殺君，則下不畏上，而百事廢。」〔註12〕說頗可從。

〔註11〕　（清）汪遠孫：《國語明道本攷異》，頁 315。
〔註12〕　（日）秦鼎：《春秋外傳國語定本》卷一二，本卷頁 9。

晉語第十三

1. 既弒厲公欒武子

【按】許本、張一鯤本、《國語評苑》、《鈔評》、吳勉學本、閔齊伋本、薈要本、文淵閣本、文津閣本、綠蔭堂本、道春點本、千葉玄之本、董增齡本、秦鼎本「弒」作「殺」。辨詳見拙著《〈國語補音〉異文研究》。《文章正宗》引作「弒」，《文章辨體彙選》、《左傳紀事本末》、《繹史》引字則作「殺」。

2. 抑人之有元君將稟命焉

【按】許本「稟」率作「𠫤」，活字本、《國語評苑》、《鈔評》、童本、薈要本、綠蔭堂本作「稟」。

3.【注】廢以不善見廢

【按】童本、《國語評苑》、薈要本、文淵閣本、文津閣本「廢」作「癈」。

4. 在今日若欲暴虐

【按】活字本、童本、《鈔評》、秦鼎本「暴」作「曓」，閔齊伋本、綠蔭堂本、黃刊明道本及其覆刻本、董增齡本字作「暴」。道春點本、千葉玄之本誤作「恭」。千葉玄之云：「『恭』誤，當作『暴』。」〔註1〕關修齡亦謂「恭」字乃「暴」字之訛〔註2〕。拙著《〈國語補音〉異文研究》有詳辨，可參。

〔註1〕（日）千葉玄之：《韋注國語》卷一三，本卷頁2。
〔註2〕（日）關修齡：《國語略説》卷三，本卷頁33。

5.【注】聞非刑罰之疑者宥赦者

【按】許本「非」作「皋」，遞修本、活字本、《鈔評》、閔齊伋本、道春點本、千葉玄之本、黃刊明道本及其覆刻本、董增齡本、綠陰堂本、寶善堂本等作「罪」，金李本、張一鯤本、《國語評苑》、《叢刊》本「非」字當爲「罪」字之誤，王懋竑《國語存校》、張以仁《斠證》已揭出。

又活字本正文、注文「閒」作「間」。

6.【注】稱曰王父尊而親之

【按】丁跋本、許本「曰」誤作「日」。

7. 二月乙酉公即位

【按】遞修本、許本、張一鯤本、童本、《國語評苑》、吳勉學本、閔齊伋本、道春點本、千葉玄之本、關修齡《國語略說》、綠陰堂本、董增齡本、《集解》、林泰輔本本章與上章合爲一章。《鈔評》則爲二章，上章立目爲「悼公新政」，本章立目爲「悼公用人復伯」，從其敘事的相對完整性上而言，以不分爲最合，自《晉語七》首句至於「於是乎復霸」都可以標以「晉悼公復霸」之目，因爲首段言悼公入國施政，次段主要言其用人，二者相合，纔有了「於是乎復霸」的局面。林泰輔云：「明本以『二月』以下爲別章。今從宋本、董本。」〔註3〕

許本「酉」作「丣」，「丣」爲「丣」之直接楷化字。上文已見，實爲「酉」之古文，《說文》中收之。汪遠孫《攷異》云：「公序本不別行。孔晁本『二月』作『正月』。」〔註4〕王引之《經義述聞》卷二一云：「晉行夏時，『二月』當爲『十二月』。成十八年《左傳》：『春王正月，晉欒書、中行偃使程滑弒厲公。』而此文上云：『厲公七年冬，難作，始於三郤，卒於公。』則魯之正月，晉以爲冬，蓋晉之十一月也。由是推之，則魯之二月爲晉之十二月。《內傳》曰：『二月乙酉朔，晉悼公即位于朝。』則此當曰『十二月乙酉公即位』矣。成十六年《傳》正義引此作『正月乙酉』，又引孔晁云『二月乙酉』。言正月者，記者誤也。案『正』字即『十二』之合譌。」〔註5〕董增齡《正義》云：

〔註3〕 （日）林泰輔點校：《國語》，頁88。

〔註4〕 （清）汪遠孫：《國語明道本攷異》，頁315。

〔註5〕 （清）王引之：《經義述聞》，南京：江蘇古籍出版社2000年版，頁509上。
　　　　王引之引述是，汪遠孫誤。

「成十八年孔疏引《晉語》云：『正月乙酉，公即位。』又引《國語》孔晁注『二月即位』。言正月者，記者誤也。厲公被殺而嗣絕，故悼公自外而入。即位之日，即命百官，施布政教，與居喪即位其禮不同。是晁及穎達所見《國語》並是正月，今本作二月，後人依《內傳》擅改此傳，於義雖得，而非傳文之舊。」〔註6〕《補正》云：「此因《內傳》而誤。晉用夏正，周之二月，夏之十二月也。」〔註7〕《集解》引王引之說改正文作「十二月」。張以仁云：「《國語》、《左傳》，世傳同爲丘明所作，而爲《春秋》之內外傳。故孔晁援《左傳》以正《國語》，而韋昭則改從《左傳》。（秦鼎以爲宋公序改。然明道本亦作『二月』，則改者非公序矣。）不知《左傳》以魯爲系，《國語》則以國爲別，二者系統原不相屬耳。此王氏之說之所以新穎可喜也。」〔註8〕可以備說。

8. 【注】無後子孫無在顯位者

【按】許本「者」作「也」，童本「顯」作「顕」。審他書引文皆作「者」。此一語境下「者」、「也」二字俱通，然《國語》多本字作「者」，或本作「者」字，許本自爲「也」。

9. 諸矦至於今是賴（……賴蒙也）

【按】活字本、丁跋本、張一鯤本、《國語評苑》、《鈔評》、吳勉學本、道春點本、綠蔭堂本「賴」作「賴」。黃刊明道本及其覆刻本、寶善堂本注文作「賴」。又《鈔評》「於」作「于」。

10. 【注】文子魏犨之孫魏顆之子

【按】許本、張一鯤本、道春點本、千葉玄之本、薈要本、文淵閣、文津閣本、董增齡本等「犨」作「犫」。

活字本、黃刊明道本及其覆刻本、寶善堂本、《補正》、《叢書集成初編》本、上古本無「魏顆」之「魏」字，汪遠孫《攷異》云：「『顆』上，公序本有『巍』字，見《補音》。」〔註9〕誤，實公序本字作「魏」。《詳注》、《集解》

〔註6〕（清）董增齡：《國語正義》卷一三，本卷頁3。
〔註7〕吳曾祺：《國語韋解補正》卷一三，本卷頁1。
〔註8〕張以仁：《國語斠證》，頁265。
〔註9〕（清）汪遠孫：《國語明道本攷異》，頁316。振綺堂本、崇文書局本、《四部

從公序本增「魏」字。

11. 博聞而宣惠於教也使為太傅

【按】許本、《鈔評》、閔齊伋本「太」作「大」。

吳勉學本、《鈔評》「博」作「愽」。

又《鈔評》「宣」誤作「軍」。

12. 知欒糾之能御以和於政也

【按】童本「糾」率作「糾」。此處《國語評苑》、《鈔評》、吳勉學本、道春點本、千葉玄之本字亦作「糾」。

黃刊明道本及其覆刻本、寶善堂本等「於」作「于」。

13. 【注】膏肉之肥者梁食之精者

【按】張一鯤本、童本、文淵閣本、黃刊明道本及其覆刻本、董增齡本、綠蔭堂本、秦鼎本、寶善堂本等「肉」作「肉」，童本「梁」誤作「梁」。《鈔評》正文「梁」字誤作「梁」，此處無注。

14. 【注】壹均一也

【按】丁跋本、《鈔評》「均」誤作「切」，許本「一」作「弌」。

15. 且好諫而不隱也

【按】童本、《鈔評》「且」作「且」。

16. 【注】昭謂時但言新軍新軍無中

【按】許本「但」作「僵」。《說文·人部》：「僵，僵何也。」〔註 10〕動詞。「但，裼也。」〔註 11〕爲動詞。然古書中多以「但」爲副詞，許本作「僵」恐非是。

活字本、黃刊明道本及其覆刻本、寶善堂本、《補正》、《備要》本、《叢書集成初編》本「新軍無中」作「無中軍」三字。汪遠孫《攷異》謂公序本

備要》本同。

〔註 10〕 （漢）許慎：《說文解字》，頁 164 下。

〔註 11〕 （漢）許慎：《說文解字》，頁 167 上。

是，上古本從公序本爲注。《集解》引王引之說修訂注文爲「昭謂時但言新軍無新中軍」。

17. 四年會諸矦於雞丘

【按】丁跋本批：「見內傳。」在《左傳》魯襄公三年，韋注已在上文言之。《鈔評》正文「雞」作「鷄」。

18. 【注】赤羊舌職之子銅鞮伯華也

【按】丁跋本「華」字誤作「棐」。

19. 有直質而無流心（流放也）

【按】丁跋本「流」誤作「沈」。

20. 臣請薦所能擇而君比義焉（薦進也所能擇父能擇子也比比玄也義宜也）

【按】丁跋本、《鈔評》「焉」前有「使代」二字，丁跋本注無「薦進也所」四字，恐誤。

遞修本、活字本、許本、張一鯤本、《國語評苑》、閔齊伋本、薈要本、文淵閣本、文津閣本、道春點本、千葉玄之本、綠蔭堂本、黃刊明道本及其覆刻本、董增齡本、秦鼎本、寶善堂本等「玄」作「方」，字當以作「方」爲是，《叢刊》本「玄」字誤。

又活字本、黃刊明道本及其覆刻本無「子也」之「也」字，黃刊明道本及其覆刻本「宜」作「冝」。

21. 【注】無終山戎之國今為縣在比平子爵也

【按】遞修本、活字本、許本、張一鯤本、《國語評苑》、《鈔評》、薈要本、文淵閣本、文津閣本、道春點本、千葉玄之本、綠蔭堂本、黃刊明道本及其覆刻本、董增齡本、秦鼎本、寶善堂本等「比」作「北」，《叢刊》本「比」字誤，屬形近而混。

22. 【注】……後七年獻子告老欲使為卿

【按】遞修本、許本「七」作「十」，古「十」、「七」字形相近，故易

混作。

23. 【注】疾病也勇能斷決也

【按】童本「斷」作「斷」，寶善堂本作「桄」，亦「斷」之俗字。《鈔評》「斷決」作「斷決」。

黃刊明道本及其覆刻本、寶善堂本、《補正》、《備要》本、《叢書集成初編》本、上古本無「勇」字與「決」後之「也」字，《集解》增此二字。有無皆無礙於語義。

24. 其學不廢其先人之職

【按】童本「廢」作「廢」，《鈔評》作「廢」。

25. 【注】傳曰賂晉以師悝師觸師蠲是也

【按】許本「觸」作「羋」。活字本、黃刊明道本及其覆刻本、寶善堂本、《補正》、《詳注》、《集解》、《備要》本、《叢書集成初編》本、上古本「晉」後有「侯」字，審《左傳‧襄公十一年》「晉」後有「侯」字，明道本等或據《左傳》原文。

26. 【注】八人爲佾備八音也

【按】遞修本、活字本、丁跋本、張一鯤本、《國語評苑》、薈要本、文淵閣本、文津閣本、綠蔭堂本、道春點本、千葉玄之本、黃刊明道本及其覆刻本、董增齡本、秦鼎本、寶善堂本等「佾」作「佾」，許本「佾」作「佾」，「佾」、「佾」亦「佾」之別體。

27. 【注】三謂八年會于邢丘……六謂十一年會于亳城此七謂會于蕭魚

【按】遞修本、丁跋本、許本「邢」誤作「鄋」，涉上文而誤。

遞修本、活字本、許本、張一鯤本、《國語評苑》、薈要本、文淵閣本、文津閣本、綠蔭堂本、道春點本、千葉玄之本、黃刊明道本及其覆刻本、董增齡本、秦鼎本、寶善堂本等「此」作「北」，字當作「北」，《叢刊》本形近而混誤。

又張一鯤本、《國語評苑》、薈要本、文淵閣本、文津閣本、綠蔭堂本、

道春點本、千葉玄之本、董增齡本「十一」作「十二」，活字本、黃刊明道本及其覆刻本、寶善堂本、《補正》、《集解》、《備要》本、《叢書集成初編》本、上古本「七謂」之後有「今」字，汪遠孫《攷異》云：「公序本無『今』字，疑脫。」〔註12〕董增齡《正義》則亦謂十一年會於亳城北，則「十二」為「十一」之誤，秦鼎云：「十一年，舊作十二年，今從明本。」〔註13〕

又張一鯤本、《國語評苑》、道春點本、千葉玄之本、董增齡本、綠蔭堂本、秦鼎本「于」作「於」，董增齡本「丘」作「北」，綠蔭堂本「邢」誤作「刑」。

28. 【注】志識口也

【按】金李本注文空格，「也」字另行。丁跋本、《鈔評》空格處為「記」字。

遞修本、活字本、許本、張一鯤本、《國語評苑》、薈要本、文淵閣本、文津閣本、道春點本、千葉玄之本、綠蔭堂本、黃刊明道本及其覆刻本、董增齡本、秦鼎本、寶善堂本等注作「志，識也」，閔齊伋本注唯作「志，識」。則丁跋本、金李本近似。

29. 【注】司馬矦晉大夫汝叔齊

【按】許本「汝」作「費」。秦鼎本「汝」作「女」。《左傳》作「女叔齊」，「女」、「汝」同，是遞修本、秦鼎本從《左傳》。審古書中無以司馬侯之名作「費叔齊」者，許本「費」字恐誤。

30. 羊舌肝習於春秋（肝叔嚮之名……）

【按】許本、吳勉學本、薈要本、文淵閣本、文津閣本、道春點本、董增齡本、秦鼎本「肝」作「肹」，張一鯤本、《國語評苑》、千葉玄之本、綠蔭堂本作「肦」；許本「嚮」作「向」，《鈔評》「叔」作「𦐮」，《干祿字書》云：「𦐮、叔，上俗下正。」〔註14〕皆為別體，拙著《〈國語補音〉異文研究》有詳辨，可參。

〔註12〕　（清）汪遠孫：《國語明道本攷異》，頁317。
〔註13〕　（日）秦鼎：《春秋外傳國語定本》卷一三，本卷頁8。
〔註14〕　施安昌編：《顏真卿書干祿字書》，頁58。

晉語第十四

1. 【注】陽畢晉大夫穆矦唐叔八山之孫

【按】遞修本、活字本、丁跋本、許本、張一鯤本、《國語評苑》、薈要本、文淵閣本、文津閣本、道春點本、董增齡本、綠蔭堂本、秦鼎本「山」作「世」，黃刊明道本及其覆刻本作「卋」。《叢刊》本「山」字當爲「世」字之誤。《國語評苑》「晉」作「晋」。

2. 【注】傳曰武子之德在人如周人之思邵公

【按】許本「邵」作「召」。活字本、黃刊明道本及其覆刻本、寶善堂本、《補正》、《集解》、《備要》本、《叢書集成初編》本、上古本「在人」之「人」作「民」，「如」作「若」。秦鼎本「在人」之「人」作「民」。張一鯤本「傳」字上加「口」，實非。千葉玄之已注明《左傳》與韋注「傳曰」的不同〔註1〕。《左傳》本文字作「民」、「如」、「召」，《皇王大紀》、《春秋臣傳》、《記纂淵海》引與《左傳》同。《文選》注引文與公序本注同。「召」亦讀作「邵」，「民」、「人」同，「如」、「若」同。

3. 【注】敢不敢也言不敢忘死而叛其君

【按】童本「叛」作「𠬝」，恐爲漏刻末筆。

4. 是隋其前言也（隋壞也……）

【按】許本「隋」作「隓」，童本「壞」誤作「𢭏」，《鈔評》「壞」誤作「懷」。

〔註1〕 （日）千葉玄之刻：《韋注國語》卷一四，本卷頁2。

　　遞修本、活字本、張一鯤本、吳勉學本、閔齊伋本、黃刊明道本及其覆刻本、秦鼎本、寶善堂本等「言」後無「也」字。

　　活字本「隋」作「墮」，黃刊明道本及其覆刻本、寶善堂本等「隋」作「墮」。閔齊伋云：「隋，或作墮。」〔註2〕是用《補音》之言。《說文》有「陸」字，段玉裁謂：「陸，隸變作墮，俗作隳。」〔註3〕《說文·肉部》：「隋，裂肉也。」〔註4〕則「陸」爲本字。

5. 【注】叔魚晉大夫叔向母弟

　　【按】丁跋本、許本等《國語》多本「叔」作「叔」，拙稿《〈國語補音〉異文研究》有詳辨，可參。

6. 【注】虎視眈眈

　　【按】遞修本、許本、張一鯤本、童本、閔齊伋本、薈要本、道春點本、綠蔭堂本、黃刊明道本及其覆刻本、秦鼎本、寶善堂本等「眈眈」作「耽耽」，「目」、「耳」形近易混作，且「目」有寫作「目」者，更易混作。

7. 【注】鳶肩肩井升出

　　【按】許本「升」作「斗」，遞修本、活字本、黃刊明道本及其覆刻本、董增齡本、秦鼎本、寶善堂本等作「斗」。張以仁云：「秦鼎云：『斗出，舊作升出，誤也。今從明本。斗、阧通用。阧，峻絕也。』秦說是，猶未盡也。《說文》無阧、陡二字，即以此『斗』字爲之。《後漢書·竇融傳》：『河西斗絕在姜胡中。』章懷太子注：『斗，峻絕也。』《西南夷傳》：『河池一名仇池，方百頃，四面斗絕。』皆其例。所謂『肩井斗出』，謂肩上聳也。《後漢書·梁冀傳》『鳶肩豺目』章懷注：『鳶，鴟也。鴟肩上竦也。』（《補正》亦引此說）章太炎《文始》謂『斗形方難上，故曰斗直，斗陗。』段玉裁、朱駿聲皆以『陡』爲『斗』之俗字。『斗』，漢隸作『升』，與『升』形近，因以誤也。」〔註5〕說可從。

〔註2〕　（明）閔齊伋裁注：《國語》卷五，本卷頁32。
〔註3〕　（清）段玉裁：《說文解字注》，頁733下。
〔註4〕　（漢）許慎：《說文解字》，頁89上。
〔註5〕　張以仁：《國語斠證》，頁275。

8. 【注】水注川曰谿壑溝也

【按】許本「壑」作「叡」，以聲符爲字。又許本「溝」誤作「池」。

9. 魯襄公使叔孫穆子來聘

【按】丁跋本批：「見內傳。」在《左傳・襄公二十四年》。

10. 【注】豕韋二國

【按】丁跋本「國」作「囯」，下注「唐杜二國」、「國於唐」同。

11. 【注】言有立言可法者謂若教

【按】許本「有立」作「立有」。活字本、黃刊明道本及其覆刻本、寶善堂本、《補正》、《集解》、《備要》本、《叢書集成初編》本、上古本「言有立」之「有」作「其」。汪遠孫《攷異》云：「其立，公序本作『立有』。」〔註6〕是所據公序本爲許本。實皆可通。

12. 訾祏實直而博……博能上下比之

【按】活字本、童本、《國語評苑》、《鈔評》、吳勉學本、道春點本「博」作「博」，《鈔評》「祏」作「祏」。遞修本上「博」字誤作「搏」，張一鯤本、綠蔭堂本上字作「博」。「十」、「忄」形近混作。《國語評苑》、道春點本、千葉玄之本「祏」作「祏」。《說文・示部》：「祏，宗廟主也。《周禮》有郊宗石室，一曰大夫以石爲主。从示从石，石亦聲。」《衣部》：「袥，衣衸。」〔註7〕文獻中沒有「訾祏」表字的記載，然恐以字作「祏」爲是。

13. 【注】矣汝叔齊

【按】許本、秦鼎本「汝」作「女」。

14. 【注】為成公軍師兼太傅

【按】許本「太」作「大」。

15. 【注】文子武子之子爕也

【按】許本、薈要本、文淵閣本、文津閣本、董增齡本、秦鼎本「爕」

〔註6〕（清）汪遠孫：《國語明道本攷異》，頁318。
〔註7〕（漢）許慎：《說文解字》，頁8上、頁171上。

作「爕」。《鈔評》「燮」字之「火」作「灬」。秦鼎云：「爕，或作『燮』，俗字。」〔註8〕

16.【注】不敢自安而為簡略

【按】活字本、許本、張一鯤本、薈要本、文津閣本、道春點本、千葉玄之本、綠蔭堂本、董增齡本「略」作「畧」。

17. 以耀德於廣遠也（耀，明也）

【按】許本「耀」作「燿」，汪遠孫《攷異》云：「公序本『耀』作『燿』，注同。」〔註9〕是據許本爲說。嚴可均（1762～1843）《全上古三代秦漢三國六朝文》收有《古文孝經訓傳序》一文，引《國語》本句作「昌曜德於廣遠」。「耀」、「燿」、「曜」同。

遞修本、張一鯤本、黃刊明道本及其覆刻本「遠」作「遠」，吳勉學本、道春點本、千葉玄之本、綠蔭堂本、秦鼎本作「遠」。

18. 君告之叔向曰君必殺之

【按】許本「叔」亦多作「叔」。

19.【注】兕似牛而青善觸人

【按】許本「觸」作「觕」。

20. 以封于晉（言有才藝以受封爵）

【按】活字本、丁跋本、《鈔評》、閔齊伋本、文淵閣本、黃刊明道本及其覆刻本、寶善堂本等「藝」作「藝」，許本作「埶」，童本、《國語評苑》、薈要本、文津閣本、道春點本、綠蔭堂本、秦鼎本誤作「蓺」，拙著《〈國語補音〉異文研究》於此有詳辨，可參。

又童本「于」字誤作「千」。閔齊伋本「才」作「材」，可通。

張一鯤本、《國語評苑》、吳勉學本、閔齊伋本、道春點本、千葉玄之本、綠蔭堂本、董增齡本、秦鼎本「于」作「於」。又《鈔評》「晉」作「晋」。

〔註8〕 （日）秦鼎：《春秋外傳國語定本》卷一四，本卷頁7。
〔註9〕 （清）汪遠孫：《國語明道本攷異》，頁319。

21. 叔向曰阩也

【按】許本、文淵閣本、董增齡本、秦鼎本「阩」作「阽」，活字本、黃刊明道本及其覆刻本作「肝」，張一鯤本、《國語評苑》、薈要本、文津閣本、道春點本、千葉玄之本作「阩」。

22. 信反必獘（獘踣也）

【按】活字本、許本、薈要本、文淵閣本、文津閣本、黃刊明道本及其覆刻本「獘」作「斃」，張一鯤本、《國語評苑》、吳勉學本、閔齊伋本、道春點本、千葉玄之本、綠蔭堂本、董增齡本、秦鼎本作「弊」，《佩文韻府》卷四三之一引字則作「敝」，皆可通。拙撰《〈國語補音〉異文研究》、《〈國語・吳語〉韋昭注、眞德秀注之比較》皆有詳辨，可參。

23. 【注】候候望遮遮罔也

【按】許本「望」作「望」，「罔」作「网」。他本字作「望」。
活字本、黃刊明道本及其覆刻本、寶善堂本等無「也」字。

24. 【注】衙謂羅闡狗附也

【按】許本「闡」字皆作「闡」。張一鯤本、薈要本、文淵閣本、文津閣本「衙」作「衛」。

25. 【注】謂之狗附皆昬而設明

【按】活字本、許本、閔齊伋本、薈要本、文淵閣本、文津閣本、黃刊明道本及其覆刻本、寶善堂本等「昬」作「昏」。

26. 楚人固請先歃（楚人子木也歃歠血也）

【按】童本「歃」作「歃」，薈要本作「歃」，活字本、張一鯤本、《國語評苑》、吳勉學本、道春點本、千葉玄之本、綠蔭堂本、秦鼎本作「歃」，皆爲「歃」俗字。

活字本、黃刊明道本及其覆刻本、寶善堂本、《補正》、《詳注》、《備要》本、《叢書集成初編》本、上古本「歠」亦作「歃」。汪遠孫《攷異》云：「歃血，《補音》作『飲血』。《說文》：『歃，歠也。』」〔註10〕活字本、黃刊明道

〔註10〕 （清）汪遠孫：《國語明道本攷異》，頁319。

本以「歃血」釋「歃」，如同未釋，當從公序本作「飲血」。《集解》即從公序本改作「飲」，《詳注》注云：「歃，歃血也。盟者以血塗口旁曰歃血。」〔註11〕所釋較具體。

27. 而裨諸矦之闕（裨補也闕缺也）

【按】許本「裨」誤作「裸」。

28. 【注】尋宋之盟欲以脩好弭兵尋盟木還

【按】遞修本、活字本、許本、張一鯤本、閔齊伋本、薈要本、文淵閣本、文津閣本、道春點本、千葉玄之本、黃刊明道本及其覆刻本、綠蔭堂本、董增齡本、秦鼎本、寶善堂本等「木」作「未」，是《叢刊》本「木」字誤。

活字本、張一鯤本、薈要本、文淵閣本、文津閣本、道春點本、千葉玄之本、綠蔭堂本、董增齡本、秦鼎本「脩」作「修」。

又《國語》多本「還」作「退」。

29. 善人在患弗救不祥惡人在位弗去亦不祥必免

【按】金李本本行 19 字，丁跋本移下行首字「叔」字於本行最末。許本自卷十二始，於字之古體也未能整齊劃一，有許多字依例當改，卻未改。

黃刊明道本及其覆刻本、寶善堂本、《補正》、《備要》本、《叢書集成初編》本「在」、「患」之間有「位」字，「弗去」之「弗」作「不」，《札記》、《攷異》皆揭出其異且謂公序本無「位」字者是。《詳注》、上古本、《集解》無「位」字。

30. 秦后子來奔

【按】童本「來」作「耒」，「耒」、「来」形近混作。又活字本、《國語評苑》、《鈔評》「來」作「来」。

31. 【注】逮及也大各非常之禍

【按】遞修本、活字本、許本、《鈔評》、張一鯤本、薈要本、文淵閣本、

〔註11〕 沈鎔：《國語詳注》卷一四，本卷頁 6。

文津閣本、道春點本、千葉玄之本、綠蔭堂本、黃刊明道本及其覆刻本、董增齡本、秦鼎本、寶善堂本等「各」皆作「咎」,是《叢刊》本「各」字為「咎」字之誤。金李本本行 21 字,許本則為 20 字。

32.【注】龢名也

【按】丁跋本「名」誤作「石」。

活字本、黃刊明道本及其覆刻本、寶善堂本、《補正》、《詳注》、《集解》、《備要》本、《叢書集成初編》本、上古本正文與注文「龢」皆作「和」。

33.【注】惑於女以生蠱疾

【按】許本「惑」作「或」,是以聲符為本字。《鈔評》「於」作「于」。

34. 良臣不生天命不佑(佑助也……)

【按】許本「佑」作「右」,下「天命不佑」同。活字本、黃刊明道本及其覆刻本、寶善堂本、《補正》、《詳注》、《集解》、《備要》本、《叢書集成初編》本、上古本「佑」作「祐」,「佑」、「祐」二字音同義通。

35. 以佐君為諸矦盟主

【按】許本「佐」作「左」。

36. 和聞之曰直不輔曲

【按】許本、《鈔評》、薈要本、文淵閣本、文津閣本「和」作「龢」。《廣博物志》卷二二、《經濟類編》卷九七、《繹史》卷七八、《子史精華》卷一一六引字作「龢」。公序本《晉語八》本章亦「和」、「龢」同現。《略說》云:「和乃龢訛。」〔註12〕

37.【注】言文子不能以明直規輔平公之闇曲使至淫惑也

【按】丁跋本、《鈔評》「規」作「而」,「淫」作「蠱」,「惑也」作「惑亡」。在該注文中,「規」、「輔」當為並列謂語動詞,丁跋本「而」字非不可通,然不與《國語》多本同。「淫惑」優於「蠱惑」,「亡」當為「也」字之誤。

〔註12〕 (日)關修齡:《國語略說》卷三,本卷頁 40。

活字本、黃刊明道本及其覆刻本無「也」字。

又活字本、《國語評苑》、薈要本、道春點本、千葉玄之本、秦鼎本「規」作「規」。

38. 楢木不生危（楢木大木）

【按】許本、《鈔評》「楢」誤作「搖」。吳勉學本作「椄」，道春點本、秦鼎本作「椄」，活字本、黃刊明道本及其覆刻本、寶善堂本、《補正》、《備要》本、《叢書集成初編》本、上古本「楢」作「拱」，《詳注》、《集解》從公序本作「楢」。拙著《小學要籍引〈國語〉研究》有詳辨，可參。

39. 松柏不生埤（埤下溼也以喻文子不久存也）

【按】活字本、童本、《鈔評》、吳勉學本、薈要本、文淵閣本、文津閣本、黃刊明道本及其覆刻本、寶善堂本「柏」作「栢」，二字別體同字。

丁跋本注作「埤不高也喻言文子不能久也」，許本注作「埤不溼也以言文子不能久存」，遞修本注作「埤不濕也以言文子不久存」，活字本、黃刊明道本及其覆刻本注作「埤下濕也以言文子不久存」，《鈔評》注作「埤下溼也喻言文子不能久也」。「不濕（溼）」之「不」爲「下」字之誤。丁跋本注文與其他傳本不同，「喻」、「言」二字似不當同時出現，或「喻」即「以」字之誤。丁跋本所釋亦未可言誤，然與諸本不同。

又《詳注》「埤」誤作「捭」。

40. 【注】螣惡也言蟲之爲惡害于嘉穀

【按】丁跋本「于」誤作「午」，《鈔評》「于」作「乎」，「于」、「乎」此處皆爲介詞，皆可通。

張一鯤本、道春點本、千葉玄之本、董增齡本、綠蔭堂本、秦鼎本「于」作「於」。

《鈔評》「惡」作「恶」，亦「惡」字之俗。

41. 【注】象人食穀而有聰明

【按】許本、《國語評苑》「穀」作「穀」。活字本、黃刊明道本及其覆刻本、寶善堂本、《補正》、《詳注》、《集解》、《備要》本、《叢書集成初編》本、上古本「人」後有「之」字。

活字本、薈要本、文淵閣本、綠蔭堂本、《詳注》、《集解》等「聰」作「聰」，道春點本字作「聰」。

42. 是不饗穀而食蠱也

【按】丁跋本批：「可與《內傳》語相發明。」《左傳》語在魯昭公元年。吳勉學本、黃刊明道本及其覆刻本等「穀」作「穀」。

43. 【注】過十年荒淫之禍及國也

【按】童本「國」作「国」。黃刊明道本及其覆刻本、寶善堂本、《補正》、《集解》、《備要》本、《叢書集成初編》本、上古本等無「也」字。

44. 上大夫一卒之田

【按】丁跋本批：「一旅五百頃，一卒百頃。」此襲韋注。此「卒」字爲名量詞。許本、《鈔評》「卒」爲「卒」，「卒」爲《說文》篆書直接楷化形式。

45. 且楚秦匹也若之何其回於富也

【按】童本「且」作「且」。《鈔評》「回」作「囬」，又「楚」字多作「楚」。文淵閣本「回」作「囘」。

活字本、張一鯤本、《國語評苑》、《鈔評》、吳勉學本、薈要本、文淵閣本、文津閣本、道春點本、千葉玄之本、黃刊明道本及其覆刻本、綠蔭堂本、董增齡本、秦鼎本、寶善堂本等「楚秦」作「秦楚」。閔齊伋本眉批云：「楚秦，一作『秦楚』。」〔註13〕《冊府元龜》卷七三八引作「秦楚」，《淵鑒類函》、《繹史》、《左傳紀事本末》引則作「楚秦」。之所以產生這樣的倒序現象，恐怕有兩種原因的可能性：（1）文句中音節之間的平仄協律問題，「且」、「楚」、「匹」、「也」仄聲字，「秦」爲平聲字，「秦楚」、「楚秦」音節和協不同；根據當時人的語句音節之間的和協規則進行排序，故而有「楚秦」與「秦楚」之不同；（2）無意間「楚秦」誤書作「秦楚」，後世沿襲，遂成定式。這種音節組合雖然不是詞的形式，但仍然屬於逆序範疇。就以上二種原因推測，恐前者的可能性更大一些。

〔註13〕 （明）閔齊伋裁注：《國語》卷五，本卷頁44。

46. 上下神祇無不徧諭也

【按】許本、《國語評苑》、薈要本、文淵閣本、文津閣本、道春點本、千葉玄之本、秦鼎本「祇」作「祇」。《經濟類編》卷九七引字作「祇」，江永《禮書綱目》卷四五、《繹史》卷七八、《子史精華》卷一一四引字亦作「祇」。活字本、黃刊明道本及其覆刻本、寶善堂本等無「也」字。「祇」、「祇」二字形近易混作，拙著《小學要籍引〈國語〉研究》有詳辨，可參。

47. 不知人殺乎

【按】童本「殺」作「殺」，《鈔評》作「殺」，亦「殺」字之別體。拙著《〈國語補音〉異文研究》有詳辨，可參。

48. 【注】紹繼也

【按】活字本、童本、《鈔評》「繼」作「継」，黃刊明道本及其覆刻本作「繼」，皆「繼」之別體。

49. 【注】……方鼎鼎方上也

【按】童本、《國語評苑》、道春點本、千葉玄之本、秦鼎本「鼎」作「鼐」，《鈔評》「鼎鼎」作「鼐鼐」，皆「鼎」字之俗。黃刊明道本及其覆刻本、寶善堂本、《補正》、《備要》本、《叢書集成初編》本無「方上」之「鼎」字。汪遠孫《攷異》謂：「公序本重『鼎』字。」〔註14〕《詳注》、《集解》、上古本從公序本。

50. 諸矦親之戎狄懷之

【按】許本「狄」作「翟」。可見遞修本、金李本、張一鯤本、《國語評苑》、道春點本、千葉玄之本、《鈔評》、吳勉學本、閔齊伋本、薈要本、文淵閣本、文津閣本、綠蔭堂本董增齡本等公序本多本「翟」字亦未能等齊劃一。

51. 驕泰奢侈貪欲無藝（藝極也……）

【按】童本、《國語評苑》、綠蔭堂本「藝」誤作「藝」，活字本、黃刊明

〔註14〕　（清）汪遠孫：《國語明道本攷異》，頁 320。

道本及其覆刻本、寶善堂本等作「藝」。前文已及之。又《鈔評》、吳勉學本、道春點本「泰」作「泰」。

52.【注】三卿郤錡郤至郤犨又有五人為大夫

【按】許本、張一鯤本、薈要本、文淵閣本、文津閣本、道春點本、千葉玄之本、黃刊明道本及其覆刻本、綠蔭堂本、董增齡本、寶善堂本等「犨」作「犨」。

晉語第十五

1. 教吾邊鄙貳也（貳二心也）夫事君者量力而進（進進取也）不能
   則

【按】金李本本行 21 字，許本、童本則 20 字，移「則」於下行，且許本「則」作「而」。《繹史》卷八五引字則作「而」，與許本同。

黃刊明道本及其覆刻本、寶善堂本等注文唯作「進取也」。

《百家類纂》本、《國語評苑》「邊」作「邉」，薈要本作「邊」。活字本等多本「貳」作「貳」。

2. 非寮勿從（寮官也）

【按】活字本、許本、黃刊明道本及其覆刻本、寶善堂本、《補正》、《詳注》、《集解》、《備要》本、《叢書集成初編》本、上古本「寮」作「僚」。審《通鑒外紀》卷八、《文獻通考》卷二六四引字亦作「僚」。「寮」、「僚」二字古書多通用。又《鈔評》「勿」字誤作「物」。

3. 我君是事非事土也

【按】許本、《國語評苑》、《鈔評》「土」作「圡」。

4. 【注】釐將妻子從鼓子也

【按】遞修本、許本、張一鯤本、《國語評苑》、文淵閣本、文津閣本、道春點本、千葉玄之本、綠蔭堂本、董增齡本、秦鼎本「鼓」皆作「鼓」，薈要本作「鼓」，活字本作「鼓」，《干祿字書》以「鼓」為俗，以「鼓」為正。

「支」、「攵」二形亦可混作，拙著《〈國語補音〉異文研究》有詳辨，可參。「鼓」爲「鼓」之別體，《漢隸字源》已收之。

5.【注】言委質於君書名於策示必死也

【按】童本「君」誤作「后」。黃刊明道本及其覆刻本、寶善堂本、《補正》、《詳注》、《備要》本、《叢書集成初編》本、上古本「質」作「贄」、「策」作「冊」，上文韋注云：「質，贄也。」故此處作「贄」亦通。「冊」、「策」可通。《集解》注從公序本。董增齡本「於君」之「於」作「于」。另，《國語》多本「策」作「筴」。

6.【注】獻伯禽之曾孫

【按】童本「禽」作「禹」。「禹」爲「禽」字之俗，《隸辨》云：「禹即禽字，變离从禹。」張文彬謂「形似而訛」〔註1〕，可從。

7. 梗陽人有獄

【按】丁跋本批：「見內傳。」《左傳》在魯昭公二十八年。

8.【注】傳曰梗陽人有獄魏戊不能斷以獄上其大宗

【按】許本「斷」作「斳」。

9. 主之既食願以小人之腹為君子之心

【按】許本「主」誤作「之」，《鈔評》無「主」字，或因《鈔評》本來根據許本、丁跋本爲底本，因爲許本兩個「之」字重複，故去一個「之」字。

黃刊明道本及其覆刻本、寶善堂本、《補正》、《備要》本、《叢書集成初編》本、上古本「既」後有「已」字，汪遠孫《攷異》云：「公序本無『已』字，此疑衍，『既』即『已』也。」〔註2〕傳世文獻中未見引文有「已」字，《詳注》、《集解》從公序本。但是先秦時期「既已」連用不乏其例。如《墨子‧公輸般》「吾既已言之王矣」、《莊子‧逍遙遊》「天下既已治矣」等，楚永安

〔註1〕 張文彬：「禹」字研訂說明，《異體字字典》在線版，http://dict.variants.moe.edu.tw/yitia/fra/fra02910.htm。
〔註2〕 （清）汪遠孫：《國語明道本攷異》，頁321。

概括爲：「副詞性結構。同義並列關係。一般作狀語，表示行爲動作已經發生或完成。」〔註3〕如此，則明道本「既已」雖未見其他文獻徵引，亦未可言誤。「既」、「既已」皆可通。關修齡謂：「《評鈔》無『主』字，但『之』屬上句。《傳》作『及饋之畢』，與『既食』同。並謂二人食畢然。《評鈔》爲是。」〔註4〕林泰輔謂：「『主之』二字恐衍。」〔註5〕林泰輔氏或即據關修齡氏之意而申之。推測林泰輔的意思，蓋謂此處非僅說明魏獻子「既（已）食」，實閻沒、叔寬等皆「既（已）食」，即關修齡所謂之義。然京都大學藏批校本批云：「佐食，故云『主之既食』。」〔註6〕從這個角度講，「主之」非衍文。

10. 屬厭而已是以三歎（屬適也厭飽也）

【按】許本「厭」作「猒」，黃刊明道本及其覆刻本作「饜」，寶善堂本、《補正》等作「壓」。辨詳見前文。日本國立國會圖書館藏活字本缺此半面。

11. 下邑之役董安于多

【按】童本「于」誤作「子」，黃刊明道本、博古齋本誤作「干」。寶善堂本注文「董安于」誤作「童安子」。

12. 【注】端玄端委委兒也韠韋蔽膝帶大帶

【按】許本「膝」作「厀」，徐鉉（916～991）云：「厀，今俗作膝，非是。」〔註7〕童本「玄」誤作「立」，大約即據保留宋本避諱字而誤。董增齡本作「元」，董增齡本避諱「玄」字皆改字爲「元」。

又活字本、張一鯤本、《國語評苑》、《鈔評》、文淵閣本、道春點本、千葉玄之本、黃刊明道本及其覆刻本、董增齡本、秦鼎本、寶善堂本等「兒」作「貌」。

又活字本、黃刊明道本及其覆刻本、寶善堂本等「端」、「膝」、「大帶」下有「也」字。關於「玄」字之避諱，拙著《〈國語補音〉異文研究》有詳辨，

〔註3〕 楚永安：《文言複式虛詞》，北京：中國人民大學出版社 1986 年版，頁 163～164。
〔註4〕 （日）關修齡：《國語略說》，本卷頁 42。
〔註5〕 （日）林泰輔點校：《國語》，頁 101。
〔註6〕 （日）林信勝點校：《國語》，日本京都大學圖書館藏批校本，本卷頁 4。
〔註7〕 （漢）許慎：《說文解字》，頁 187 上。

可參。

13. 抑為保鄣乎（……保鄣……）

【按】活字本、許本、薈要本、薈要本、文津閣本「鄣」作「障」，寶善堂本正文「鄣」誤作「部」。

又黃刊明道本及其覆刻本「抑」作「抑」，爲「抑」字之別體。

14.【注】既不墮又增之故怒也

【按】許本「墮」作「陲」。活字本、黃刊明道本及其覆刻本、寶善堂本等無「也」字。

15. 曰必殺鐸也而後入大夫辭之

【按】童本「辭」作「辤」。

16. 不可（可肯也）

【按】許本「肯」作「肎」。

17.【注】孌猶雌也

【按】遞修本、活字本、許本、黃刊明道本及其覆刻本「雌」作「離」。

又活字本、黃刊明道本及其覆刻本、寶善堂本、《補正》、《詳注》、《備要》本、《叢書集成初編》本、上古本「孌」作「豐」，《集解》從公序本作「孌」，「孌」、「豐」實同字。

張一鯤本、綠蔭堂本「雌」作「讐」，《國語評苑》、薈要本、文淵閣本、文津閣本、道春點本、千葉玄之本、董增齡本、秦鼎本「雌」作「讎」。關修齡云：「林西仲云：『塗隙曰孌。趙武從母于公宮，冀塞禍難之隙。故曰孌。』愚謂《傳》曰：『孌於難。』杜註云：『動也。』此言武少動心於禍難，故長而能成其德。」〔註8〕俞樾則謂「孌」字訓「離」未聞其義，「孌」當讀作「興」〔註9〕。此當訓作「離」，即「罹」字，拙稿《唐宋類書引〈國語〉研究》曾考「孌」字語源，可爲「孌」字訓「離（罹）」作佐證。公序本多本韋注字作「讎」者，是「孌」字之常見義，非語境義。遞修本、活字本、許本、黃刊

〔註8〕 （日）關修齡：《國語略說》卷三，本卷頁45。
〔註9〕 （清）俞樾：《羣經平議》卷二九，頁479。

明道本所釋爲語境義。

18. 基於其身以克復其所

【按】許本「克」作「叜」。嘉靖《河間府志》卷二七、《子史精華》卷一○四引字亦作「更」，與許本同。汪遠孫《攷異》云：「公序本『克』作『更』。」〔註10〕則汪氏所謂公序本即指許本。從韋注「以能復其先」來看，正文作「克」字更是，許本「叜」字恐非。

19. 鐵之戰

【按】許本「鐵」作「銕」，注同。「鐵」、「銕」異體字。

20. 衞莊公為右（……時為簡子車右）

【按】許本「右」作「又」。

活字本、張一鯤本、《國語評苑》、吳勉學本、薈要本、綠蔭堂本「衞」作「衛」。活字本「莊」作「莊」。

21. 【注】禱謂將戰時請福也

【按】丁跋本「請」誤作「謂」。

22. 【注】昭明也靈公蒯瞶之父

【按】童本「之」字處空格無字，「父」誤作「文」。

23. 夷請無筋無骨

【按】金李本本行 21 字。

24. 主將適蔞而麓不聞

【按】童本「適」作「適」。

25. 少室周為趙簡子右（……右戎右也）

【按】許本「右」作「又」，「戎」作「戒」。

遞修本、張一鯤本、文淵閣本、文津閣本、黃刊明道本及其覆刻本「簡」

〔註10〕 （清）汪遠孫：《國語明道本攷異》，頁 321。

作「簡」。

又活字本、黃刊明道本及其覆刻本、寶善堂本、《補正》、《詳注》、《備要》本、《叢書集成初編》本、上古本「子」後有「之」字、無「也」字，《集解》無「之」字。司馬光《溫國文正公文集》卷二一《辭知制誥第二狀》引有「之」字。有無「之」字無礙於文義。

26.【注】人賢人也

【按】童本「賢」作「𧶠」，此字各字書皆未收，或爲誤字，亦或爲「賢」之俗字。

27. 其子孫將耕於齊宗廟之犧爲畎畝之勤

【按】許本「畝」作「畞」，活字本作「畝」，《鈔評》作「畒」，張一鯤本、道春點本、《略說》、千葉玄之本作「畆」，秦鼎本作「畝」，黃刊明道本及其覆刻本作「畒」，薈要本、文淵閣本、文津閣本、董增齡本、綠蔭堂本、寶善堂本作「畝」，皆「畝」之異體字，拙撰《〈國語補音〉異文研究》、《唐宋類書引〈國語〉研究》有詳辨，可參。

28. 使新稺穆子伐翟（……新稺穆子晉大夫……）

【按】許本、薈要本、文淵閣本、文津閣本、綠蔭堂本、董增齡本「稺」作「稺」，「稺」爲《字林》所收字體，《五經文字》已揭出。活字本、黃刊明道本及其覆刻本、寶善堂本、《補正》、林泰輔本、《集解》、《備要》本、《叢書集成初編》本、上古本字作「稚」、「狄」，注無「新稚」二字。拙著《小學要籍引〈國語〉研究》有詳辨，可參。

29.【注】唯有德者任以福祿爲和樂也……能和樂則不爲幸也

【按】許本此處「和」字未改。活字本、黃刊明道本及其覆刻本、寶善堂本、《補正》、《詳注》、《備要》本、《叢書集成初編》本、上古本「和」作「龢（龢）」，「幸」後無「也」字，《集解》字作「和」。

30.【注】很很戾不從人

【按】童本「人」誤作「從」。黃刊明道本及其覆刻本、寶善堂本、《補正》、《備要》本、《叢書集成初編》本、上古本「人」下有「也」、「很」作「佷」，

活字本、張一鯤本、《國語評苑》、《鈔評》、薈要本、文淵閣本、文津閣本、道春點本、千葉玄之本、綠蔭堂本作「狠」。《詳注》、《集解》作「很」。諸字音同可通。拙撰《小學要籍引〈國語〉研究》、《〈白氏六帖事類集〉引〈國語〉校證》有詳辨，可參。又文津閣本「瑤之很（狠、佷）在心」之「很（狠、佷）」誤作「根」。

31. 射御足力則賢伎藝畢給則賢

【按】童本、《國語評苑》、吳勉學本、綠蔭堂本、道春點本、道春點本、秦鼎本「藝」誤作「蓺」，活字本、黃刊明道本及其覆刻本、寶善堂本等作「藝」。

32. 松柏之地其士不肥

【按】遞修本、活字本、丁跋本、許本、金李本、童本等《國語》各本「士」皆作「土」，是《叢刊》本「士」字爲「土」字之誤。

又活字本、童本、《鈔評》、薈要本「柏」作「栢」。

黃刊明道本及其覆刻本「肥」作「肥」。

33. 【注】……韓康子……平陽平陽韓也……

【按】《國語評苑》、童本「韓」作「韓」。

34. 難必至矣曰難將由我我不爲難誰敢興之對曰

【按】金李本本行 19 字，童本 20 字，移下行首字於本行末。

35. 范中行有函冶之難

【按】遞修本、許本、《百家類纂》本、綠蔭堂本、寶善堂本、《補正》「冶」作「治」。活字本「函冶」作「圅冶」，《鈔評》作「圅冶」，黃刊明道本及其覆刻本、寶善堂本、《補正》、林泰輔本、《備要》本、《叢書集成初編》本、上古本作「亟治」，黃刊明道本及其覆刻本等恐因「圅」、「亟」形似而誤作「亟」，「圅」字實爲「函」字之俗字。正當作「函冶」，《說苑》、《通鑒前編》、《姓氏急就篇》、《尚史》、《繹史》引亦作「函冶」。《詳注》、《集解》作「函冶」。拙著《〈國語補音〉異文研究》有詳辨，可參。

36. 乃走晉陽晉師圍而灌之

【按】許本「走」作「之」。又《淵鑒類函》卷四四八引「走」誤作「守」。許本「之」字義亦相會，唯不與《國語》各本同。又「走」字亦寫作「赱」，許本「之」字亦或「赱」字省脫「土」字而成。千葉玄之本「晉」作「晉」。

鄭語第十六

1. 【注】……宣王封之於鄭

【按】許本「王」誤作「公」。

2. 戎狄必昌不可偪也

【按】許本「狄」作「翟」，其他《國語》各本皆作「狄」。《通鑒前編》卷九、《太平御覽》卷一五九、《冊府元龜》卷七九五、《繹史》卷二九引字作「翟」。是公序本內部亦未能整齊劃一。

3. 【注】衞康叔之封燕邵公之封姬姓也翟北翟也

【按】許本「邵」作「召」，童本「北」誤作「比」。

活字本、張一鯤本、《國語評苑》、薈要本、文淵閣本、黃刊明道本及其覆刻本「衞」作「衛」，活字本、黃刊明道本及其覆刻本、寶善堂本等「翟」作「狄」。

《鈔評》「姬」字之前有「皆」字，似增字為訓，未守韋注之舊。

4. 【注】莒巳姓東夷之國也

【按】許本「夷」作「夸」，字類於「方」，未知何據，亦「夷」之古籀字形歟？

5. 其濟洛河潁之閒乎

【按】許本「潁」作「莘」，注同。或涉下文「莘」字而誤。

活字本、薈要本、文淵閣本、文津閣本、黃刊明道本及其覆刻本、綠蔭堂本、董增齡本、秦鼎本、寶善堂本「閒」作「間」。

又《國語》多本「穎」字左上之「匕」作「上」，黃刊明道本及其覆刻本作「止」，《鈔評》「穎」作「頴」，正當作「穎」。

6. 【注】鄶妘姓也

【按】許本「妘」字作「芸」，他本皆作「妘」，許本「芸」字恐誤。《經籍籑詁》引誤「妘」作「姬」。

7. 周亂而獘

【按】許本「獘」作「斃」，活字本、張一鯤本、《國語評苑》、吳勉學本、薈要本、文淵閣本、文津閣本、道春點本、千葉玄之本、黃刊明道本及其覆刻本、綠蔭堂本、董增齡本、秦鼎本、寶善堂本等作「弊」。「獘」、「弊」同字，「弊」、「斃」字皆可通。

8. 鄔蔽補丹依

【按】許本「依」作「冐」。《說文・冐部》云：「冐，歸也，从反身。」〔註1〕《玉篇》作「冐」。趙撝謙（1351～1395）《六書本義・身部》云：「𨈠，歸也，从反身。勇埽之意，今用『依』。」〔註2〕則「冐」爲「𨈠」之直接楷化字，前文有詳辨，亦可參。

活字本「丹」作「舟」，《集解》「鄔」作「鄢」，黃刊明道本及其覆刻本、寶善堂本、《補正》、《詳注》、《備要》本、《叢書集成初編》本、上古本「鄔蔽」、「丹」作「鄢弊」、「舟」。汪遠孫《攷異》云：「鄢，公序本作『鄔』，《舊音》：『鄔，音偃。』案鄭氏《詩譜》、《史記集解》引虞翻、小司馬《索隱》皆作『鄢』。《內傳・昭二十八年》釋文云『在鄭者音偃，成十六年戰于鄢陵』是也。」「弊，公序本作『蔽』，《舊音》同。案：《詩譜》、虞翻、小司馬亦作『蔽』。」「舟，公序本作『丹』。案：《詩譜》、小司馬皆作『丹』。」〔註3〕「鄔」、「鄢」形近，「舟」、「丹」形近，「蔽」、「弊」音同可通。徐元誥《集解》引《路史・國名紀》謂「鄔」爲鄭故地，故不從公序本作「鄢」，張

〔註1〕 （漢）許慎：《說文解字》，頁170上。
〔註2〕 （明）趙撝謙：《六書本義》，《景印文淵閣四庫全書》第228冊，頁314下。
〔註3〕 （清）汪遠孫：《國語明道本攷異》，頁325。

以仁《斠證》則謂「鄔、鄢未知孰是」〔註4〕。又徐氏謂明道本「舟」爲「丹」字之誤〔註5〕。

9. 又甚聰明和協蓋其先王

【按】活字本、丁跋本、張一鯤本、《國語評苑》、吳勉學本、《鈔評》、童本、道春點本、綠蔭堂本「協」作「恊」。

又活字本「聰」作「聰」。吳勉學本、閔齊伋本、薈要本、文淵閣本、文津閣本、道春點本、千葉玄之本、董增齡本、綠蔭堂本、秦鼎本、寶善堂本等「聰」作「聰」。

又閔齊伋本「和」作「龢」。

又吳勉學本、文淵閣本、文津閣本、黃刊明道本及其覆刻本、寶善堂本等「蓋」作「蓋」，活字本、閔齊伋本「蓋」作「盖」。

10. 夏禹能單平水土以品處庶類者也

【按】活字本「類」作「類」，童本「庶」誤作「世」。

11. 商契能和合五教

【按】許本「契」作「偰」。《說文·人部》：「偰，高辛氏之子，堯司徒，殷之先。」段注云：「經傳多作契。」〔註6〕是許本從《說文》。各書引文字亦皆作「契」。黃刊明道本及其覆刻本「契」作「栔」，「契」、「栔」同字。

12. 【注】……魯語曰契爲司徒

【按】許本「契」作「偰」，「徒」誤作「迯」。黃刊明道本、崇文本、蜚英館本、博古齋本「魯」作「魯」，黃刊明道本及其覆刻本「契」作「栔」。

13. 【注】禹身王稷契在子孫

【按】許本「契」作「卨」，黃刊明道本及其覆刻本、《補正》、《集解》、《備要》本、《叢書集成初編》本、上古本「契」作「棄」，寶善堂本「契」

〔註4〕 張以仁：《國語斠證》，頁301。
〔註5〕 徐元誥撰，王樹民、沈長雲點校：《國語集解》（修訂本），頁463～464。
〔註6〕 （漢）許慎：《說文解字》，頁162上。（清）段玉裁：《說文解字注》，頁367上。

字處空格無字，當係漏刻。汪遠孫《攷異》云：「棄，公序本作『契』。疑『稷』乃『契』之譌，『契』、『棄』承上《傳》文而言也。」〔註7〕點校本《集解》改作「契」。段注云：「經傳多作契，古亦假离爲之。」〔註8〕王筠（1784～1854）《說文句讀》云：「經典多借契爲之，离則古文也。」〔註9〕《別雅》卷五「偰离契也」條云：「《說文》：『偰，高辛氏子，堯司徒，殷之先也。』今經典皆用契字。又《廣韻》『离』字引《字林》云：『蟲名。』又殷祖也，《漢書‧百官公卿表》『离作司徒，敷五教』。司馬相如《子虛賦》『禹不能名，离不能計』，《史記》作『契』。『偰』、『离』皆與『契』同。又《論衡‧奇怪篇》『卨母吞燕卵而生卨』，『卨』與『离』字形小異，亦即『契』字。」〔註10〕

14. 周棄能播殖百穀

【按】童本、薈要本「穀」作「穀」，張一鯤本、閔齊伋本、道春點本、千葉玄之本、綠蔭堂本、秦鼎本作「穀」，活字本、《國語評苑》、吳勉學本、黃刊明道本及其覆刻本作「穀」。

15.【注】棄后稷也播布也殖長也

【按】遞修本、童本字亦作「殖」，與金李本字同。活字本、張一鯤本、《國語評苑》、薈要本、文淵閣本、文津閣本、道春點本、千葉玄之本、黃刊明道本及其覆刻本、董增齡本、綠蔭堂本、秦鼎本、寶善堂本等作「殖」。二乙堂本「殖」誤作「直」，正文不誤。

16. 祝融亦能昭顯天地之光明以生柔嘉材者也

【按】童本「材」誤作「財」。

17.【注】陸終弟二子名樊

【按】童本「樊」作「蟠」，活字本作「攀」，汪照（1729～1776）《大戴禮記注補》卷七引作「陸終第二子名蟠」。活字本、二乙堂本、秦鼎本「弟」

〔註7〕　（清）汪遠孫：《國語明道本攷異》，頁326。

〔註8〕　（清）段玉裁：《說文解字注》，頁367上。

〔註9〕　（清）王筠：《說文句讀》第八上，北京市中國書店1983年影尊經書局本，本卷頁4。

〔註10〕　（清）吳玉搢：《別雅》，《景印文淵閣四庫全書》第222冊，頁758上。

作「第」。《說文》段注、王紹蘭（1760～1835）《王氏經說》卷四、徐文靖（1666～1756）《竹書統箋》卷三、馬其昶（1855～1930）《詩毛氏學》卷三〇引作「第二」。黃刊明道本及其覆刻本、董增齡本「弟二」作「第一」，遞修本作「弟一」，李貽德（1783～1832）《春秋左氏傳賈服注輯述》卷十六引作「第一」。綠蔭堂本作「弟三」，金鶚（1771～1819）《求古錄禮說》卷八、林春溥（1775～1861）《古史紀年》卷三引亦作「第三」。韋注下文云陸終第三子名籛，且宋鄧名世《古今姓氏書辯證》卷一六亦言之。杜注云：「陸終氏生六子，長曰昆吾。」〔註 11〕蘇洵（1009～1066）《族譜後錄上篇》云：「陸終生子六人，長曰樊，為昆吾；次曰惠連，為參胡；次曰籛，為彭祖；次曰來言，為會人；次曰安，為曹姓；季曰季連，為羋姓。」〔註 12〕審故書中陸終六子排序皆然，是韋注字當作「一」，「二」、「三」皆誤。汪遠孫《攷異》即謂：「『一』作『二』，誤。」〔註 13〕

18. 【注】大彭陸終弟三子曰籛為彭姓

【按】許本「姓」誤作「祖」，涉下文「彭祖」而誤。二乙堂本、黃刊明道本及其覆刻本、董增齡本、寶善堂本等「弟」作「第」。

19. 己姓昆吾蘇顧溫董

【按】丁跋本批：「八姓。」實據正文及韋注。黃刊明道本及其覆刻本「顧」作「頋」，左邊構件類似「辰」字，當為「顧」字別體，《異體字字典》失收，當補。

20. 禿姓舟人則周滅之矣

【按】童本「舟」作「舟」，「舟」為「舟」之俗字。

21. 【注】言為妘姓封於鄶鄶今新鄭也

【按】童本「鄶」誤作「劊」。二乙堂本「於」作「于」。

〔註 11〕 （清）阮元校刻：《十三經注疏》，頁 2064 上。
〔註 12〕 （宋）蘇洵：《族譜後錄上篇》，《三蘇全集》第 6 冊，舒大剛、曾棗莊主編，北京：語文出版社 2001 年版，頁 265。
〔註 13〕 （清）汪遠孫：《國語明道本攷異》，頁 326。

22.【注】干犯也言其代彊更相犯間也

【按】童本「干」誤作「于」。沈鎔《詳注》云：「干與間通。」〔註 14〕「干」、「間」上古音皆在見紐元部，音同可通。

黃刊明道本及其覆刻本、寶善堂本、《補正》、《集解》、《備要》本、《叢書集成初編》本、上古本無「也」字。

23.【注】為宗伯漢為太常

【按】活字本、許本、道春點本、千葉玄之本、秦鼎本「太」作「大」。

黃刊明道本及其覆刻本、寶善堂本、《備要》本、《叢書集成初編》本等「太常」作「太宰」。汪遠孫《攷異》云：「『太宰』，公序本作『大常』，是也。」〔註 15〕是汪氏唯據許本爲說。《藝文類聚》卷四九引《漢官典職》云：「惠帝政，太常爲奉常，景帝復太常，蓋周官宗伯也。」〔註 16〕《初學記》卷一二《太常卿第十三》云：「宋太常，漢官也。宋《百官春秋》云：昔唐虞伯夷行秩宗，典三禮。周則春官宗伯，掌禮樂，並其任也。初秦置奉常，漢祖更名太常，惠帝又曰奉常，景帝又曰太常。」〔註 17〕則當作「太常」。《補正》、《詳注》、上古本作「太常」，《集解》改作「大常」。

24.【注】三禮謂天神人鬼地祇之禮

【按】活字本、許本、童本、董增齡本「祇」作「祇」。「祇」、「祇」形近混用。已見前文。

《國語評苑》、道春點本「禮」作「礼」。

25. 其冢君侈驕（冢大也）

【按】童本「冢」誤作「家」，遞修本、文淵閣本、秦鼎本作「冢」，張一鯤本、《鈔評》、薈要本作「**冢**」，吳勉學本、閔齊伋本、文津閣本、綠蔭堂本、道春點本、千葉玄之本、董增齡本作「**冢**」，活字本、黃刊明道本及其覆刻本作「冢」，皆「冢」字之異體。

〔註 14〕 沈鎔：《國語詳注》，本卷頁 4。

〔註 15〕 （清）汪遠孫：《國語明道本攷異》，頁 326。

〔註 16〕 （唐）歐陽詢撰，汪紹楹校：《藝文類聚》，上海古籍出版社 1982 年新 1 版，頁 877。

〔註 17〕 （唐）徐堅等著：《初學記》，北京：中華書局 1962 年版，頁 300。

26. 公曰周其斃乎（斃敗也）對曰殆於必斃者

【按】許本「斃」作「敝」，《國語評苑》、吳勉學本、閔齊伋本、薈要本、文淵閣本、文津閣本、綠蔭堂本、道春點本、千葉玄之本、董增齡本、秦鼎本作「弊」。

27. 【注】陋也謂皆暗昧窮陋不識德義者

【按】活字本、許本、張一鯤本、《國語評苑》、薈要本、文淵閣本、文津閣本、道春點本、千葉玄之本、黃刊明道本及其覆刻本、綠蔭堂本、董增齡本、秦鼎本「陋」作「陋」，又活字本「陋也」之「陋」處空格無字，當係漏刻。「陋」為「陋」之別體。

又黃刊明道本及其覆刻本、寶善堂本、《補正》、《備要》本、《叢書集成初編》本、上古本無「者」字，「暗昧」作「昧暗」。《集解》無「也」字，「暗昧」作「闇昧」。「闇」、「暗」音同義通。《鄭語》下文有「暗昧」，《辭通》、《漢語大詞典》等收「暗昧」、「闇昧」詞條，無「昧暗」。「暗（闇）昧」、「昧暗」為同素逆序詞。《國語評苑》「窮」作「窮」，《鈔評》作「穷」。

28. 【注】和而不同、和而萬物、味相和、土氣和、國家和

【按】許本「和」未改字。

29. 【注】謂若鑄冶煎亨之屬

【按】遞修本、活字本、許本、張一鯤本、《國語評苑》、道春點本、千葉玄之本、薈要本、文淵閣本、文津閣本、黃刊明道本及其覆刻本、綠蔭堂本、董增齡本、秦鼎本、寶善堂本等「冶」作「冶」，是金李本、《叢刊》本「冶」為「冶」字之誤。

又童本「謂」誤作「請」。

活字本、文淵閣本、黃刊明道本及其覆刻本、寶善堂本等「亨」作「烹」，「亨」、「烹」古今字。

30. 【注】七體土竅也目為

【按】遞修本、活字本、許本、金李本、張一鯤本、《國語評苑》、薈要本、文淵閣本、文津閣本、道春點本、黃刊明道本及其覆刻本、綠蔭堂本、

董增齡本、秦鼎本、寶善堂本等「士」作「七」，《叢刊》本「士」字誤。

活字本、黃刊明道本及其覆刻本、寶善堂本、《補正》、《詳注》、《集解》、《備要》本、《叢書集成初編》本、上古本「目爲」前有「謂」字。

《國語評苑》「體」作「躰」，道春點本、千葉玄之本「體」作「骵」，皆「體」之俗字。

31. 【注】建立也純純一不尫駮也

【按】許本「尫」作「厖」，遞修本、張一鯤本、《國語評苑》、文淵閣本、道春點本、千葉玄之本「駮」作「駁」，許本、童本、薈要本、黃刊明道本及其覆刻本、董增齡本、秦鼎本、寶善堂本等「駮」作「駮」，亦「駁」字之異體。

活字本、黃刊明道本及其覆刻、寶善堂本、《補正》、《詳注》、《集解》、《備要》本、《叢書集成初編》本、上古本無「尫」字。有「尫」字亦是。《國語評苑》「純一」之「純」爲重文符號。

32. 【注】陪屬萬位謂之萬方

【按】童本「陪」字處唯餘一「口」，恐字有脫。

33. 計億事材兆物收經入行姟極

【按】許本「收」作「収」，張一鯤本、童本、閔齊伋本、道春點本、千葉玄之本作「牧」。

34. 【注】故有億事兆物王牧其常入

【按】遞修本、活字本、許本、《國語評苑》、薈要本、文淵閣本、文津閣本、綠蔭堂本、董增齡本、秦鼎本「牧」作「收」。掃葉山房本「收」誤作「牧」。

35. 天奪之明欲無斃得乎

【按】許本「斃」作「敝」。活字本、張一鯤本、《國語評苑》、吳勉學本、閔齊伋本、薈要本、文淵閣本、文津閣本、道春點本、千葉玄之本、董增齡本、秦鼎本、寶善堂本、《補正》、《詳注》、《集解》、《備要》本、《叢書集成初編》本、上古本作「弊」，又綠蔭堂本「斃」誤作「務」。

36. 【注】末末年沰彘之歲也、厲王沰彘共和十四年

【按】許本「沰」作「流」，「和」未改字。活字本、黃刊明道本及其覆刻本、寶善堂本、《補正》、《備要》本、《叢書集成初編》本前「沰」字作「流」，後一「沰」字作「在」。「在」字義亦通，然「流」字爲前後文文本本字，故當從公序本作「沰（流）」，《集解》、上古本即皆作「流」字。辨詳見前文。

37. 【注】言流於庭前謂取而發之也

【按】童本「也」下衍「之」字，許本「於」作「亐」，實即「于」字。薈要本、文淵閣本、文津閣本「流」作「沰」。

活字本、黃刊明道本及其覆刻本、寶善堂本、《補正》、《備要》本、《叢書集成初編》本無「之」字，《集解》、上古本俱有「之」字而《集解》脫「也」字。

38. 【注】未盡亂毀未畢也

【按】童本「盡」作「盡」。

39. 褒人褒姁有獄而以爲大于王

【按】遞修本、丁跋本、許本、張一鯤本、吳勉學本、《鈔評》、道春點本、二乙堂本、千葉玄之本、黃刊明道本及其覆刻本等《國語》各本「大」皆作「入」，是金李本、《叢刊》本「大」字爲「入」字之誤。汪遠孫《攷異》云：「公序本『入』作『大』，誤。」〔註18〕當即據金李本爲說。

許本、綠蔭堂本「于」誤作「干」。薈要本、黃刊明道本及其覆刻本、董增齡本「于」作「於」。

活字本、薈要本、綠蔭堂本「褒」作「褒」。

40. 王遂置之（置赦褒姁）而嬖是女也使至於爲后而生

【按】金李本本行21字。二乙堂本「赦」作「舍」，亦通，然未如「赦」最合語境，或音同誤作。

41. 天之生此久矣

【按】活字本、張一鯤本、童本、《國語評苑》、吳勉學本、《鈔評》、道

春點本「久」作「夂」。

42. 申繻西戎方強

【按】張一鯤本、童本、《國語評苑》、《鈔評》「強」作「強」。活字本、閩齊伋本、黃刊明道本及其覆刻本、寶善堂本等作「彊」。

43. 【注】二國亦欲助正激其後福

【按】遞修本、活字本、許本、張一鯤本、《國語評苑》、薈要本、文淵閣本、文津閣本、道春點本、千葉玄之本、黃刊明道本及其覆刻本、董增齡本、綠蔭堂本、秦鼎本、寶善堂本等《國語》各本「激」均作「徼」，金李本、《叢刊》本「激」字誤。

44. 君若欲避其難速規所矣

【按】丁跋本「速」誤作「遠」，審清人沈朝陽《通鑑紀事本末前編》卷五引字亦作「遠」，當是因襲而誤。活字本、《國語評苑》、薈要本、道春點本、道春點本、黃刊明道本及其覆刻本、秦鼎本「規」作「規」。

活字本、黃刊明道本及其覆刻本、寶善堂本、《補正》等「速規」前有「其」字，活字本、黃刊明道本「其速規」之「其」字爲推度副詞，「其難」之「其」爲代詞。又秦鼎云：「規，計求也。所，即上文『何所可以逃死』也。」〔註19〕秦鼎氏釋「規」字是。兩句中「所」字皆爲名詞，唯本句「所」字作賓語，而「何所可以逃死」之「何所」作主語，「所」字作中心詞，實已和「何」字構成一固定結構。

45. 【注】昭謂若已亡無宜說也

【按】丁跋本、許本、童本「宜」誤作「宣」，遞修本作「宜」，「宜」恐爲「宜」俗寫。活字本、黃刊明道本及其覆刻本「宜」作「宜」。

董增齡本「亡」作「亾」。

綠蔭堂本「若」誤作「者」。

46. 【注】國既險固若增之以德可以大開土宇後魯閔元年晉威魏霍

【按】許本「宇」作「寓」。綠蔭堂本「宇」誤作「字」。

〔註19〕 （日）秦鼎：《春秋外傳國語定本》卷一六，本卷頁8。

遞修本、活字本、許本、張一鯤本、《國語評苑》、薈要本、文淵閣本、文津閣本、道春點本、千葉玄之本、黃刊明道本及其覆刻本、董增齡本、綠蔭堂本、秦鼎本、寶善堂本等「威」作「滅」。「威」、「滅」古今字。

又活字本、黃刊明道本及其覆刻本、寶善堂本、《補正》、《集解》、《備要》本、《叢書集成初編》本、上古本「既」作「已」，「既」、「已」義同。

又活字本、《國語評苑》「土」作「士」。

47. 對曰夫國太而有德者近興秦仲齊矦姜嬴之僑也且大其將興乎（……姜姓之有德者也……）

【按】遞修本、活字本、丁跋本、許本、張一鯤本、《國語評苑》、《鈔評》、吳勉學本、閔齊伋本、薈要本、文淵閣本、文津閣本、道春點本、千葉玄之本、黃刊明道本及其覆刻本、董增齡本、綠蔭堂本、秦鼎本「太」作「大」，字當作「大」，《叢刊》本「太」字誤。

許本「姜」作「羗」，「羗」爲「姜」字別體。

遞修本、張一鯤本、《國語評苑》、薈要本、文淵閣本、文津閣本、道春點本、千葉玄之本、董增齡本、綠蔭堂本無「有德者也」之「也」。

黃刊明道本及其覆刻本「僑」作「儁」，活字本作「雋」，《鈔評》作「僑」，張一鯤本、閔齊伋本、薈要本、文淵閣本、文津閣本、道春點本、千葉玄之本、董增齡本、綠蔭堂本作「僑」。又《鈔評》「且」作「旦」。拙著《〈國語補音〉異文研究》有詳辨，可參。

48. 公説乃東寄帑與賄

【按】童本「説」誤作「設」。又吳勉學本、閔齊伋本、薈要本、文淵閣本、文津閣本、道春點本、千葉玄之本、董增齡本、綠蔭堂本、秦鼎本、寶善堂本等「説」作「說」。

黃刊明道本及其覆刻本、寶善堂本、《補正》、《詳注》、《集解》、《備要》本、《叢書集成初編》本、上古本「帑」作「帤」。《漢書》卷二八下、《毛詩正義》、《通志》卷一八一、《文章辨體匯選》卷六引作「帤」，《通鑑外紀》卷三、《古史》卷一八、《冊府元龜》卷七九五等書引則作「帑」，與公序本同。顏師古（581～645）注云：「帤，讀與『帑』同，謂妻子也。」〔註20〕則字正

〔註20〕 （漢）班固撰，（唐）顏師古注：《漢書》，頁 1652。

當作「帑」，黃刊明道本及其覆刻本或據《漢書》等而改。張以仁《國語斠證》辨正頗細，云：「《鄭譜》正義引『帑』亦作『帑』，脫『焉』字。按《說文》無『帑』字，妻帑字經籍多以『帑』爲之，例《詩·常棣》、《禮記·中庸》『樂爾妻帑』，左文六年《傳》『宣子使與駢送其帑』、七年『荀伯盡送其帑』、十三年『執其帑於晉』、襄十四年『並帑於戚』、二十八年『以害鳥帑』。此傳下孔疏且云：『帑者，細弱之名。於人則妻子爲帑，於鳥則鳥尾曰帑。妻子爲人之後，鳥尾亦鳥之後，故俱以帑爲言也。』然許愼《說文》卻以『帑』爲帑藏字，云：『金幣所藏也。』王筠《說文釋例》、王玉樹《說文拈字》皆云藏義始見於漢巴大守張納碑。王筠以爲『帑』字下半所從之『巾』乃象鳥尾平鋪之狀。王鳴盛《蛾術編》說字則以爲取義於妻子執巾櫛以事家長。二人所持理由雖不同，然皆謂『帑』爲妻帑本字則一。段玉裁則以『奴』爲妻帑本字，『帑』爲借字。疑以二王之說爲是。後『帑』多用爲帑藏義，乃別造『帑』作妻帑專字。是『帑』乃後起之形也。《鄭語》此文，疑本作『帑』，後人拘於《說文》而改爲『帑』。下文『公悅，乃東寄帑與賄』，明道本作『帑』，蓋猶有殘存未全改者。可以爲證矣。」〔註21〕可以爲說。

49. 【注】謂虢鄶鄔鄢蔽補丹依𣏾歷華也

【按】許本「依」作「肙」。

遞修本、許本、張一鯤本、《國語評苑》、《鈔評》、閔齊伋本、薈要本、文淵閣本、文津閣本、道春點本、千葉玄之本、綠蔭堂本「華」作「莘」。

活字本、黃刊明道本及其覆刻本、寶善堂本、《補正》、《集解》、《備要》本、《叢書集成初編》本、上古本「丹」作「舟」、「鄢」作「鄔」、「𣏾」作「柔」，《詳注》作「𣏾」。又千葉玄之本「𣏾」作「𢾇」。活字本「虢」作「𩵋」，「歷」作「曆」。又薈要本、董增齡本「歷」作「歴」。汪遠孫《攷異》云：「『鄔』、『舟』、『柔』、『華』，公序本作『焉』、『丹』、『𣏾』、『莘』。案：《史記·秦紀》集解引虞翻同，唯作『華』與公序本異。」〔註22〕徐元誥《集解》云：「本書舟作『丹』，『柔』作『疇』，華作『莘』。」〔註23〕「疇」字爲「𣏾」字之誤。則董增齡本、秦鼎本、《叢刊》本「華」字或亦皆據黃刊明道本而改，然未作

〔註21〕　張以仁：《國語斠證》，頁 300～301。
〔註22〕　（清）汪遠孫：《國語明道本攷異》，頁 327。審振綺堂本、崇文書局本《攷異》「焉」作「鄢」，是《國學基本叢書》本「焉」字爲「鄢」字之誤。
〔註23〕　徐元誥撰，王樹民、沈長雲點校：《國語集解》（修訂本），頁 477。

說明。凡此等名目，音近者可以相通，形近者多出字誤。

50.【注】騷謂適庶交爭亂虐滋甚也

【按】許本「滋」作「兹」。

活字本、黃刊明道本及其覆刻本、寶善堂本、《補正》、《集解》等無「也」字。

51.【注】殺幽王於麗山

【按】活字本、許本、黃刊明道本及其覆刻本、寶善堂本、《補正》、《集解》、上古本等「麗」作「驪」。二字皆可通，拙著《〈國語補音〉異文研究》有詳辨，可參。

又《鈔評》「於」作「于」。

52.【注】景當為莊莊公奏仲之子襄公之父取周土

【按】審金李本原本「奏」作「秦」，是《叢刊》本「奏」字誤。

53.【注】及平王東遷襄公佐之

【按】童本「遷」作「迁」，許本「佐」作「左」。

54.【注】故詩序云襄公備其兵甲以討西戎

【按】童本「襄」作「衾」。

活字本、黃刊明道本及其覆刻本、寶善堂本、《補正》、《集解》、上古本等「序」作「敘」。

楚語上第十七

1. 莊王使士亹傅太子葴（……葴恭王名）

【按】活字本、許本、《鈔評》、黃刊明道本及其覆刻本、寶善堂本等「葴」作「箴」。《廣韻・侵韻》云：「箴，箴規也，又姓。《風俗通》云：『有衞大夫箴莊子。』」「葴，酸蔣草也。」〔註1〕汪遠孫《攷異》云：「葴、箴形近易混，未知孰是。」〔註2〕張以仁《斠證》疑明道本「箴」字是。

又吳勉學本「太」作「大」。

2. 王曰賴子之善善之也

【按】活字本、許本、《百家類纂》本、張一鯤本、《國語評苑》、《鈔評》、吳勉學本、道春點本、綠蔭堂本、秦鼎本「賴」作「頼」。黃刊明道本及其覆刻本正文作「賴」，注文則作「頼」。

《鈔評》「善」多作「𠫤」，亦「善」字之俗。

3. 夫善在大子大子欲善善人

【按】丁跋本「善在大子」之「大」作「太」，遞修本、活字本、許本下注「大康」、「大甲」之「大」作「太」。《國語評苑》「大子欲善」之「大」作「太」。活字本、許本、《百家類纂》本、《鈔評》、黃刊明道本及其覆刻本、綠蔭堂本、董增齡本、寶善堂本等「大」作「太」。

〔註1〕 （宋）陳彭年等：《宋本廣韻》，頁197。
〔註2〕 （清）汪遠孫：《國語明道本攷異》，頁328。

4. 夫豈不欲其善不能故也

【按】童本「能」誤作「欲」。

5. 聳善抑惡（……抑貶也）

【按】許本「抑」作「明」。

6. 【注】世先王之世繫也昭顯也幽闇也昏亂也為之陳有明德者世顯
而闇亂者世廢也

【按】丁跋本「世廢」之「世」誤作「也」，許本「繫」作「系」，《補音》
謂：「繫，通作系。」〔註3〕

活字本、黃刊明道本及其覆刻本、寶善堂本等「先王之世繫」前有「謂」
字。

活字本「幽闇也」、「闇亂者」之「闇」處空白無字，當爲漏刻。

7. 務慎惇篤以固之攝而不徹

【按】童本「慎」作「愼」，爲「慎」字之俗。

8. 【注】施己所欲原心舍過謂之忠恕

【按】許本「原心」誤作「愿」。

活字本「恕」作「如」，當漏刻「心」字。

9. 明恭儉以道之孝

【按】童本「孝」作「夻」，薈要本作「夽」，當爲「孝」之俗字，《異體
字字典》失收，當據補。

《鈔評》「儉」作「儉」。

黃刊明道本及其覆刻本、寶善堂本、《補正》、《詳注》、《集解》、《備要》
本、《叢書集成初編》本、上古本「道」作「導」，「道」、「導」古今字。

10. 【注】明盡精意斷之以情

【按】童本「斷」作「斷」。《鈔評》「盡」誤作「情」。

〔註3〕 （宋）宋庠：《國語補音》卷三，本卷頁12。

11. 【注】夫子太子

【按】活字本、丁跋本、張一鯤本、童本、《國語評苑》、薈要本、文淵閣本、文津閣本、道春點本、千葉玄之本、綠蔭堂本、秦鼎本、《集解》「太」作「大」。沈鎔云：「夫子，謂士亹也。」〔註4〕誤。

12. 【注】報懼也

【按】審金李本原文「報」作「赧」，不誤，是《叢刊》本誤「赧」字爲「報」。黃刊明道本及其覆刻本、寶善堂本、《補正》、《備要》本、《叢書集成初編》本「報」作「赧」，汪遠孫《攷異》以「赧」字是。《詳注》、《集解》、上古本改作「赧」。《說文‧赤部》：「赧，面慙赤也。」《玉篇‧皮部》：「赧，慙而面赤，今作赧。」〔註5〕實「赧」、「赧」同，唯「赧」字見收於《說文》。

13. 恭王有疾（恭王太子箴也……）

【按】丁跋本、許本、《鈔評》「箴」作「箴」。丁跋本批：「見內傳。」活字本、黃刊明道本及其覆刻本、寶善堂本、《補正》、《補正》、《集解》、《備要》本、《叢書集成初編》本、上古本「箴」作「審」。汪遠孫《攷異》云：「審，公序本作箴。」〔註6〕是據許本而爲說。《春秋》有「楚子審」之句，是各家以楚共（恭）王爲「審」之所本。「箴（箴）」上古音在章紐侵部，「審」上古音在書紐侵部，二字音近，故張以仁以「審、箴通假」〔註7〕，可從。人名用字，或記其音，故公序本、明道本皆是。

14. 【注】覆敗也謂鄢陵之戰

【按】童本「鄢」誤作「鄢」。

15. 【注】言春秋禘祫

【按】此處「秋」字許本未改。

〔註4〕 沈鎔：《國語詳注》，本卷頁2。

〔註5〕 （漢）許慎：《說文解字》，頁213上。（宋）陳彭年等：《宋本玉篇》，頁482。

〔註6〕 （清）汪遠孫：《國語明道本攷異》，頁328。

〔註7〕 張以仁：《國語斠證》，頁303。

16. 【注】屈到楚卿屈蕩子子夕也芰菱也

【按】童本「菱」誤作「淡」，《鈔評》「菱」作「菱」，「菱」、「淡」字同。黃刊明道本及其覆刻本「芰」字作「芰」。

活字本、黃刊明道本及其覆刻本、寶善堂本、《補正》、《詳注》、《備要》本、《叢書集成初編》本、上古本「子子」前有「之」字，《集解》無「之」字。

17. 有豚犬之奠

【按】童本、《鈔評》「犬」誤作「大」。

18. 庶人有魚炙之薦

【按】《百家類纂》本、《國語評苑》、吳勉學本、童本、《鈔評》、道春點本、秦鼎本、黃刊明道本及其覆刻本「炙」作「炙」，活字本作「炎」。字正當作「炙」，字作「炙」、「炎」皆當爲「炙」字之俗。

19. 康王以湫舉為遣之

【按】童本「舉」作「辛」，亦「舉」字之俗。活字本、黃刊明道本及其覆刻本、寶善堂本、《補正》、《補正》、《集解》、《備要》本、《叢書集成初編》本、上古本作「以爲椒舉遣之」，汪遠孫《攷異》以公序本「爲」字在「遣」字上者非是。薈要本、文淵閣本、文津閣本從明道本改作「以爲」。《札記》云：「湫、椒古同字。」〔註8〕拙稿《唐宋類書引〈國語〉研究》有詳辨，可參。公序本、明道本的區別在於是「以X爲」還是「以爲X」。「以X爲」爲先秦語法中的常見形式，「以爲X」爲變式，二者皆可通。但是先秦「以X爲」形式中，「爲」後跟的一般爲名詞性成分，一般爲價值判斷或者身份認定等義，跟動賓結構的則較爲少見。就整個句子而言，「康王」是主語，「以湫（椒）舉爲遣之」爲述語成分，「康王」對「湫（椒）舉」進行揣測，當然揣測也是一種判斷，本句更關乎事情結果的確定性與可能性。假如把「遣之」看作「遣之者」之省，即動賓結構作爲名詞性成分作「爲」的事實賓語，則康王對「湫（椒）舉」的行爲揣測也是一種身份認定，照樣可以講得通。唯未如明道本「以爲」易於理解。

〔註8〕 （清）黃丕烈：《校刊明道本韋氏解國語札記》，頁261。

20.【注】蔡声子蔡公孫歸生子家也

【按】遞修本、活字本、許本、張一鯤本、《國語評苑》、道春點本、千葉玄之本、薈要本、文淵閣本、文津閣本、黃刊明道本及其覆刻本、董增齡本、綠蔭堂本、秦鼎本、寶善堂本等「声」俱作「聲」，《鈔評》作「𣊫」，亦「聲」字之別體。

21. 遇之於鄭郊饗之以璧侑（饗食也璧侑以璧侑食）

【按】吳勉學本、童本、綠蔭堂本「璧」作「璧」，《國語評苑》、《鈔評》作「鞸」，「王」、「玉」同字。

活字本、黃刊明道本及其覆刻本、董增齡本、寶善堂本等「侑食」下有「也」字。

又活字本注文「璧侑食」之「侑」漏刻空格。

22.【注】相助也二先子謂湫舉之父伍叁聲子之父子朝也

【按】許本「叁」作「參」。活字本、黃刊明道本及其覆刻本、寶善堂本等「湫」作「椒」，遞修本、活字本、張一鯤本、《國語評苑》、《鈔評》、閔齊伋本、薈要本、文淵閣本、文津閣本、道春點本、千葉玄之本、綠蔭堂本、黃刊明道本及其覆刻本、董增齡本、秦鼎本、寶善堂本等「叁」作「參」。「參」、「叁」同字，「厶」、「口」可相互替換，故許本「叁」作「參」。

又《鈔評》「聲」作「𣊫」。

23.【注】晉楚戰於城濮

【按】遞修本、許本、黃刊明道本及其覆刻本等《國語》多本「戰」俱作「戰」。「单」為「單」俗字，故「戰」得作「戰」。

24. 王子爕為傅（爕楚公子）

【按】許本、薈要本、文淵閣本、文津閣本、董增齡本、《集解》「爕」作「燮」，下「爕」字同。童本「楚」作「茋」，下注「楚師宵潰」、「楚失諸華」、「楚大夫父兄」、「示之弱以誘楚」同。「茋」當亦「楚」字之俗，《異體字字典》未收，當據補。

25. 【注】師崇楚太師潘崇也

【按】許本、《鈔評》、黃刊明道本及其覆刻本、寶善堂本、《集解》、《叢書集成初編》本「太」作「大」。

26. 【注】故作乱城郢而使賊殺子孔弗克還

【按】遞修本、活字本、許本、張一鯤本等其他《國語》各本「乱」俱作「亂」，童本「克」誤作「還」。

黃刊明道本及其覆刻本、寶善堂本、《備要》本、《叢書集成初編》本無「殺」字，「賊」有「殺」義，《晉語五》「賊國之鎮不忠」即是。審《周禮》、《史記》、《漢書》等秦漢傳世文獻中固有「賊殺」，則公序本韋注「賊殺」、明道本韋注「賊」皆通。

活字本、黃刊明道本及其覆刻本、寶善堂本、《補正》、《詳注》、《集解》、《備要》本、《叢書集成初編》本、上古本「還」前有「而」字。

27. 使不規東夏則析公之爲也

【按】金李本本行19字。活字本、《國語評苑》、吳勉學本、薈要本、道春點本、千葉玄之本、秦鼎本「規」作「規」。

28. 【注】襲沈獲其君鄭於是

【按】童本「襲」作「袭」，爲「襲」字之俗，《異體字字典》未收，或當據補。

29. 欒叔曰楚師可料也（欒叔晉正卿料數也）

【按】童本「可料也」之「也」作「矣」。審各書字皆作「也」，不作「矣」，或童本「矣」爲「也」字誤。

活字本「晉」作「晋」。

童本、《鈔評》「數」作「数」。

30. 【注】以其族夾公行

【按】許本「夾」誤作「來」。

31. 【注】合合戰也函人也

　　【按】遞修本、活字本、許本、張一鯤本、《國語評苑》、《鈔評》、薈要本、文淵閣本、文津閣本、道春點本、千葉玄之本、綠蔭堂本、黃刊明道本及其覆刻本、董增齡本、秦鼎本、寶善堂本等「人」皆作「入」，是金李本、《叢刊》本「人」字誤。

32. 王親面傷

　　【按】童本「面」作「靣」。

33. 道之伐楚至于今為患

　　【按】張一鯤本、童本、《國語評苑》、吳勉學本、閔齊伋本、道春點本、千葉玄之本、綠蔭堂本、秦鼎本「于」作「於」。

　　活字本、黃刊明道本及其覆刻本、寶善堂本、《補正》、《詳注》、《集解》、《備要》本、《叢書集成初編》本、上古本「道」作「導」。

　　董增齡本「至于今」作「至於」，或脫「今」字。

34. 【注】言宴有折俎籩豆之陳

　　【按】丁跋本、《鈔評》「折」誤作「所」。

　　活字本、《國語評苑》、薈要本「籩」作「籩」，《鈔評》「籩」誤作「籩」。

35. 【注】御事之子右師元也

　　【按】許本「右」未改字。活字本、黃刊明道本及其覆刻本、寶善堂本、《補正》、《備要》本、《叢書集成初編》本「御事」作「鄉（鄉）」，《集解》誤作「卿」。汪遠孫《攷異》謂明道本「鄉」為「御」字之誤且脫「事」字，《左傳・文公七年》有「華御事」。《詳注》、上古本、點校本《集解》改作「御事」。

36. 君安得肥

　　【按】丁跋本等《國語》多本「肥」作「肥」，黃刊明道本及其覆刻本字作「肥」，與金李本等同。

37. 若斂民利以成其私

　　【按】活字本、許本、童本、薈要本「斂」作「歛」，丁跋本「私」誤作

「弘」。活字本「私」作「秇」。

38. 其事不煩官業

【按】遞修本、丁跋本「官」誤作「宮」。

39. 官寮之暇於是乎臨之

【按】活字本、許本、黃刊明道本及其覆刻本、寶善堂本等「寮」作「僚」。

40. 【注】所以講軍實而禦寇亂皆所

【按】童本「亂」作「乱」。

41. 若君謂此臺美而為之

【按】丁跋本「謂」誤作「請」。

42. 【注】公子棄疾為蔡公今潁川定陵

【按】許本、黃刊明道本及其覆刻本、寶善堂本、《補正》、《叢書集成初編》本「潁」作「穎」，音同可通。又童本「潁」作「頼」，或因遞修本、張一鯤本等字作「頼」而省譌。《備要》本作「頼」，《集解》、上古本作「潁」。

43. 【注】范無宇楚大夫

【按】童本「無」作「无」。許本「宇」率作「寓」。

44. 【注】禮地方十里為成出長轂一乘馬四匹牛十二頭

【按】童本「禮」作「礼」，「匹」誤作「四」。

45. 【注】京嚴公……鄭厲公因櫟人殺檀伯而遂

【按】童本「嚴」作「渁」，「渁」爲「嚴」之俗字，《宋元以來俗字譜》見收。丁跋本「而遂」二字處塗黑，下亦無此二字。

活字本、薈要本、文淵閣本、文津閣本、黃刊明道本及其覆刻本、寶善堂本、《補正》、《集解》、《備要》本、《叢書集成初編》本、上古本「嚴」作「莊」，活字本、黃刊明道本及其覆刻本等無「而」字。

46. 【注】渠丘齊大夫雝廩之邑

【按】許本「廩」率作「稟」。

活字本、黃刊明道本及其覆刻本、寶善堂本、《補正》、《詳注》、《集解》、《備要》本、《叢書集成初編》本、上古本「雝」作「雍」。

董增齡本「丘」作「北」。

47. 【注】徵徧秦桓公之子

【按】童本「徵」作「徜」，「徜」爲「徵」字之俗，《龍龕手鑒》即見收。活字本、黃刊明道本及其覆刻本、寶善堂本、《補正》、《詳注》、《集解》、《備要》本、《叢書集成初編》本、上古本無「秦」字。

48. 【注】襄公十年季武子

【按】童本「襄」作「衤」，下注「魯襄公二十三年」同。

49. 【注】欒盈奔齊齊嚴公

【按】童本「欒」作「楽」，亦「欒」之俗體，《異體字字典》未收，當據補。童本「齊」作「斉」，亦「齊」字之俗。活字本、薈要本、文淵閣本、文津閣本、黃刊明道本及其覆刻本、寶善堂本等「嚴」作「莊」。

50. 手拊毛脉

【按】許本、董增齡本、《補正》、《詳注》「脉」作「脈」。

51. 【注】掉作也變動也

【按】童本「變」作「変」。

52. 譬之如牛馬處暑之既至

【按】童本「處」誤作「暑」。黃刊明道本及其覆刻本「譬」作「𦤷」，亦「譬」字別體。

53. 【注】以言三國亦將畔也

【按】遞修本、活字本、許本、黃刊明道本及其覆刻本、寶善堂本、《補正》、《集解》、《備要》本、《叢書集成初編》本、上古本「畔」作「然」，「畔」、

「然」二字皆適用於本語境。

54.【注】誕虛也

【按】童本「虛」作「虗」，《鈔評》作「**虛**」，亦皆「虛」字之俗。

55.【注】城後三年也

【按】遞修本、許本「三」作「二」。按照韋注，魯昭十一年滅蔡而城之，靈王在魯昭十三年，自十一至於十三，自當爲「三」年。

薈要本、文淵閣本、文津閣本無「也」字。

56. 蔡及不羹人納棄疾而殺靈王

【按】金李本本行 21 字。《鈔評》「羹」、「靈」作「**羮**」、「**霊**」。

活字本、黃刊明道本及其覆刻本、寶善堂本、《補正》、《詳注》、林泰輔本、《集解》、《備要》本、《叢書集成初編》本、上古本「殺」作「弒」。

57.【注】舍謂不諫戒也

【按】童本「謂」誤作「誦」。活字本、黃刊明道本及其覆刻本、寶善堂本、《補正》、《集解》、《備要》本、《叢書集成初編》本、上古本「戒也」作「誡」，「戒」、「誡」古今字。

58. 倚几有誦訓之諫

【按】丁跋本「几」誤作「凡」。

59. 居寢有暬御之箴（暬近也）

【按】童本、《詳注》、「**暬**」作「**褻**」，遞修本、活字本、張一鯤本、《國語評苑》、吳勉學本、文淵閣本、綠蔭堂本作「**暬**」，閔齊伋本、薈要本、文津閣本、道春點本、秦鼎本作「**暬**」，董增齡本作「**暬**」，千葉玄之本作「**贄**」。黃刊明道本及其覆刻本、寶善堂本、《補正》、《集解》、《備要》本、《叢書集成初編》本、上古本作「**褻**」。汪遠孫《攷異》云：「蓋字從執、不從埶也。」〔註9〕《補正》云：「褻，宜作『暬』。」〔註10〕審《皇王大紀》卷

〔註 9〕（清）汪遠孫：《國語明道本攷異》，頁 330。
〔註10〕吳曾祺：《國語韋解補正》，本卷頁 6。

三二、《詩說》卷九、《古史》卷一四、《文章正宗》卷五、《事文類聚別集》卷七、《明經世文編》卷三六、《皇明疏鈔》卷二、《文章辨體》卷二〇引字亦作「褻」，《冊府元龜》卷五二三、卷五二四、《性理指歸》卷二五、《類博稿》卷二、引字作「贄」。拙著《小學要籍引〈國語〉研究》於此有詳辨，可參。又千葉玄之本「御」作「禦」。活字本注文「瞽近也」之「瞽」空格無字，當系漏刻。

60. 【注】事戎祀也瞽樂太師

　　【按】活字本、許本、《鈔評》、道春點本、千葉玄之本、綠蔭堂本、董增齡本、秦鼎本、《集解》「太」作「大」。

　　又道春點本「祀」誤作「祀」。

　　《鈔評》「樂」作「楽」。

61. 【注】詩大雅抑之篇也懿讀曰抑毛詩敍曰抑衞武公

　　【按】許本「抑」作「㧗」。又活字本「抑」作「柳」，當為「抑」字之俗譌。

　　遞修本「雅」作「𤕟」，為「雅（疋）」字之誤，拙稿《〈國語補音〉異文研究》有詳辨，可參。

　　黃刊明道本及其覆刻本「讀」後有「之」字。

　　活字本、黃刊明道本及其覆刻本、寶善堂本、《補正》、《詳注》、《集解》、《備要》本、《叢書集成初編》本、上古本「敍」作「序」，薈要本「敍」作「敍」，《鈔評》「敍」誤作「叔」。

62. 【注】諡法威強

　　【按】遞修本、張一鯤本、童本、《鈔評》「強」作「強」，活字本、黃刊明道本及其覆刻本、寶善堂本、《補正》、《詳注》、《集解》、《備要》本、《叢書集成初編》本、上古本「強」作「彊」。

　　黃刊明道本及其覆刻本、寶善堂本、《補正》、《備要》本、《叢書集成初編》本、上古本「法」下有「曰」字。

63. 【注】日映曰昃易曰日中則昃

　　【按】童本「映」誤作「映」。活字本「映」、「昃」字處空格無字，當係

漏刻。

活字本、薈要本、文淵閣本、文津閣本、千葉玄之本正文及注「具」皆作「戾」，董增齡本皆作「厎」，閔齊伋本、道春點本作「戾」，皆「戾」字之別體。董增齡本「厎」字爲《說文》小篆直接楷化字。

64. 之易矣若諫君則曰余左執鬼中右執觿宮

【按】金李本本行 19 字。

65. 若不言是無所稟令也（令命也稟受也）

【按】許本「稟」率作「㐭」，吳勉學本、童本、薈要本、寶善堂本、《集解》「稟」作「禀」，活字本、《國語評苑》作「禀」。

又黃刊明道本及其覆刻本、寶善堂本、《補正》、《備要》本、《叢書集成初編》本、上古本無「令命也」三字，《集解》補足。

66. 若金用女作礪（使磨礪己也）

【按】許本「礪」作「砅」。

活字本、黃刊明道本及其覆刻本、寶善堂本、《補正》、《備要》本、《叢書集成初編》本、上古本無「己」字，《集解》注從公序本增「己」字。《詳注》云：「礪，磨石也。」〔註11〕

67. 若天旱用女作霖雨（天旱自比苗稼也）

【按】許本、閔齊伋本、薈要本、文淵閣本、文津閣本「天」作「大」，或據《尚書》本文改作。拙稿《唐宋類書引〈國語〉研究》有詳辨，可參。

又丁跋本「自」誤作「白」。

68. 【注】非嫡嗣也

【按】童本「嫡」作「嫡」，「嫡」或當爲「嫡」之俗譌。活字本「嫡」誤作「敵」。

黃刊明道本及其覆刻本、《補正》、《集解》、《備要》本、《叢書集成初編》本、上古本注文作「言非嫡嗣」。

〔註11〕 沈鎔：《國語詳注》，本卷頁 8。

69. 【注】方千里也曰畿

【按】童本「千」誤作「于」。

活字本、黃刊明道本及其覆刻本、寶善堂本、《補正》、《詳注》、《集解》、《備要》本、《叢書集成初編》本、上古本無「也」字。

70. 【注】賴恃也

【按】活字本、許本、《國語評苑》、《鈔評》、綠蔭堂本、道春點本、黃刊明道本及其覆刻本、秦鼎本、寶善堂本「賴」作「頼」。

71. 不然巴浦之犀犛兕象其可盡乎其又以規為瑱也（犛犛生也……言四獸）

【按】許本「犛」誤作「犂」，吳勉學本「犛」譌作「犛」。活字本「犛兕」、「犛犛」處空格無字，當係漏刻。

遞修本、活字本、丁跋本、許本、張一鯤本、《國語評苑》、《鈔評》、閔齊伋本、道春點本、千葉玄之本、黃刊明道本及其覆刻本、董增齡本、綠蔭堂本、寶善堂本、《補正》、《集解》等「生」俱作「牛」，金李本、《叢刊》本「生」字誤。

又許本「獸」作「嘼」，童本、《鈔評》「獸」作「獣」。

《國語評苑》、薈要本、道春點本、千葉玄之本、秦鼎本「規」作「規」。

72. 吾有妾而愿欲笄之其可乎（愿慤也）

【按】許本「愿」皆作「願」。活字本注文「愿」為空白無字，當係漏刻。

73. 而獻飲焉以斃於鄢（……斃踣也……楚師敗口王傷目）

【按】活字本、許本、黃刊明道本及其覆刻本、寶善堂本、《補正》、《詳注》、《集解》、《備要》本、《叢書集成初編》本、上古本「斃」作「獘」，《百家類纂》本、張一鯤本、《國語評苑》、吳勉學本、閔齊伋本、薈要本、文淵閣本、文津閣本、道春點本、千葉玄之本、董增齡本、綠蔭堂本、秦鼎本作「弊」，《冊府元龜》卷九〇一、《繹史》卷七六、《淵鑒類函》卷二九六引作「弊」，《楚紀》卷九、《楚寶》卷一九、《尚史》卷五七引作「獘」。

又空白處丁跋本、張一鯤本、綠蔭堂本作「秡」，王懋竑云：「秡，當作『恭』。」〔註12〕薈要本、文津閣本作「平」〔註13〕，文淵閣本作「共」，遞修本、活字本、許本、《國語評苑》、閔齊伋本、道春點本、千葉玄之本、黃刊明道本及其覆刻本、寶善堂本、《補正》、《詳注》、《集解》、《備要》本、《叢書集成初編》本、上古本作「恭」，「共」、「恭」古今字。

又活字本、黃刊明道本及其覆刻本、寶善堂本、《補正》、《集解》、《備要》本、《叢書集成初編》本、上古本無「師敗」二字。汪遠孫《攷異》已指出公序本、明道本之異。

74.【注】乃求王遇諸棘闈……以其二女殉而葬之

【按】丁跋本「乃求」誤作「楚文」。

許本「諸」作「之」，亦通。

丁跋本「之」作「也」。

黃刊明道本及其覆刻本「闈」作「圍」且「圍」下空格，活字本、黃刊明道本及其覆刻本、寶善堂本、《補正》、《集解》、《備要》本、《叢書集成初編》本、上古本無「其」、「而」二字。汪遠孫《攷異》謂公序本有「其」、「而」字「或依《內傳》文增改」〔註14〕。《鈔評》「葬」作「𦵸」。

〔註12〕 （清）王懋竑：《國語存校》，《續修四庫全書》第 1146 冊，頁 345。

〔註13〕 王太嶽《四庫全書考證》卷三七云：「『而獻飲焉』注：『楚師敗，共王傷目。』刊本『共』訛『平』，據《左傳》改。」（上海：商務印書館 1936 年排印本，頁 1466）所謂刊本，或即指四庫本之底本詩禮堂本之類。

〔註14〕 （清）汪遠孫：《國語明道本攷異》，頁 331。

楚語下第十八

1. 【注】民神雜揉不可方物

【按】遞修本、活字本、許本、張一鯤本、童本、閔齊伋本、道春點本、千葉玄之本、董增齡本、綠蔭堂本、秦鼎本「揉」皆作「糅」，薈要本、文淵閣本、文津閣本字則作「揉」，與金李本同。正當作「糅」，「揉」字亦通。又《史記》、《漢書》作「民神雜擾，不可放物」，《史記索隱》謂：「放音昉，依也。」顏師古注：「放，依也。物，事也。」〔註1〕董增齡《正義》即引《漢書》正文及顏注爲釋，《札記》引惠云：「擾有柔音，故亦作『糅』。」〔註2〕王引之《經義述聞》因此以「擾」、「糅」二字古通。

2. 民之精爽不憺貳者而又能齊肅衷正（……憺離也……）

【按】許本正文「憺」作「攜」，注文作「攜」，黃刊明道本及其覆刻本字、寶善堂本、《補正》、《詳注》、《集解》、《備要》本、《叢書集成初編》本、上古本作「攜」。活字本「憺」作「攜」，《國語評苑》、千葉玄之本作「憺」，字皆可通，拙著《〈國語〉動詞管窺》、《小學要籍引〈國語〉研究》、《〈國語補音〉異文研究》皆有詳辨，可參。

童本、《集解》「離」誤作「雜」。

《鈔評》「爽」作「奭」，「衷」作「褱」。

〔註1〕 （漢）司馬遷撰，（南朝宋）裴駰集解、（唐）司馬貞索隱、（唐）張守節正義：《史記》，北京：中華書局2013年版點校本二十四史修訂本，頁1496。（漢）班固撰，（唐）顏師古注：《漢書》，頁1190。
〔註2〕 （清）黃丕烈：《校刊明道本韋氏解國語札記》，頁262。

3. 【注】爲堯秩宗生嘉穀

【按】丁跋本「秩」誤作「佚」。

4. 犧牲之物玉帛之類采服之儀彝器之量（彝六彝器俎豆量大小也）

【按】童本「玉帛」誤作「王泉」，「彝」作「奠」。活字本「彝」亦作「奠」，黃刊明道本及其覆刻本「彝」作「彝」，「彝」、「奠」同字，皆「彝」之別體。

5. 【注】類物謂別善惡

【按】許本「類」作「頪」，《國語評苑》「類」亦多作「頪」。《俗書刊誤》、《字學三正》等皆收「頪」字，又許錟輝云：「『頪』爲『類』字之訛，《中國書法大字典·頁部》引唐寅、王世貞『類』字皆作『頪』可證，則『頪』爲『類』之異體無誤。」〔註3〕可從。

6. 民以物享

【按】許本「享」作「亯」。

7. 民神杂糅

【按】遞修本、活字本、童本、吳勉學本、閔齊伋本、薈要本、文淵閣本、文津閣本、董增齡本、綠蔭堂本、秦鼎本、寶善堂本等「糅」作「糅」。「柔」爲「柔」之俗字。

8. 民匱于祀

【按】遞修本、活字本、丁跋本、童本、《國語評苑》、《鈔評》、吳勉學本、薈要本、文淵閣本、文津閣本、道春點本、千葉玄之本、綠蔭堂本、黃刊明道本及其覆刻本、秦鼎本、寶善堂本等「千」俱作「于」，許本仍作「亐」，張一鯤本誤作「干」，閔齊伋本、董增齡本作「於」，是金李本、《叢刊》本「千」字誤。秦鼎云：「匱于祀，謂祭祀無度，財爲之盡也。」〔註4〕

又道春點本「祀」字多誤作「祀」。

〔註3〕 許錟輝：「頪」字研訂說明，《異體字字典》在線版，http://dict.variants.moe.edu.tw/yitia/fra/fra04564.htm。

〔註4〕 （日）秦鼎：《春秋外傳國語定本》卷一八，本卷頁2。

9. 【注】絕地民與天神相通之道

【按】童本「與」作「与」。

10. 【注】育長也堯繼高辛氏平三苗之亂繼

【按】活字本、童本、《鈔評》「繼」作「継」,《國語》他本則多作「繼」。又《鈔評》「亂」作「乱」。

活字本、薈要本、文淵閣本、文津閣本、黃刊明道本及其覆刻本、寶善堂本、《補正》、《集解》、《備要》本、《叢書集成初編》本、上古本「亂繼」之「繼」作「紹」,《冊府元龜》卷七八〇、《禮書綱目》卷四四引字作「紹」,元陳師凱《書蔡傳旁通》卷六下、《禮書綱目》卷五七引字作「繼」。《說文・糸部》:「紹,繼也。」「繼,續也。」〔註5〕則「紹」、「繼」義同。

11. 【注】使復典天地之官羲氏和氏是也

【按】童本「復」誤作「退」,許本「羲」作「義」,為《說文》「羲」直接楷化字之形變。童本「羲」作「羲」,當為「羲」字之俗。黃刊明道本及其覆刻本、寶善堂本則誤「羲」作「義」。

12. 敘天地而別其分主者也(敘次也分位也)

【按】活字本、丁跋本、張一鯤本、《國語評苑》、吳勉學本、《鈔評》、薈要本、文淵閣本、文津閣本、道春點本、千葉玄之本、黃刊明道本及其覆刻本、綠蔭堂本、秦鼎本等「敘」作「敘」。

13. 【注】世尊神其祖以威耀其民

【按】許本「威耀」誤作「歲建」。黃刊明道本及其覆刻本「世」作「丗」。

14. 【注】致牛俎於昭王

【按】丁跋本「致」作「以」,當以「致」字為是。又《國語》多本「俎」作「俎」。

15. 【注】王感俎肉而問牲何所及

【按】丁跋本、許本「感」作「重」,黃刊明道本及其覆刻本、寶善堂本、

〔註5〕(漢)許慎:《說文解字》,頁272上。

《集解》、《備要》本、《叢書集成初編》本、上古本「感」作「惑」。「感」、「惑」二字於此語境皆通，《補正》改作「感」。「重」則恐未然。

遞修本、活字本、黃刊明道本及其覆刻本、寶善堂本等「何」作「用」，《冊府元龜》卷七八〇、秦蕙田《五禮通考》卷八六引亦作「用」。汪遠孫《攷異》云：「用，公序本作何。」〔註6〕「何」、「用」皆可通。

16. 【注】加增也舉人君朔

【按】丁跋本「增」作「著」。《冊府元龜》卷七八〇、江永《禮書綱目》卷四七、秦蕙田《五禮通考》卷八六引作「增」。丁跋本「著」字亦是，然《國語》多本皆作「增」字，恐丁跋本所自不同也。

17. 士食魚炙祀以特牲

【按】活字本、丁跋本、《國語評苑》、吳勉學本、道春點本、黃刊明道本及其覆刻本等「炙」作「炙」。道春點本「祀」誤作「祀」。

18. 對曰夫神以精明

【按】童本「曰」誤作「口」。

19. 【注】備物體具而精潔者

【按】丁跋本「具」誤作「耳」，許本「具而」作「耳取」，恐許本「耳」字爲「而」字之誤。活字本「潔」作「潔」，黃刊明道本及其覆刻本、寶善堂本、《補正》、《集解》、《備要》本、《叢書集成初編》本、上古本「潔」作「絜」。「絜」、「潔」古今字。

20. 【注】一純心純一而潔二精玉帛也

【按】丁跋本注作「一純心之純一純誠精所用玉帛也」，恐有誤文，因釋「二精」，而此無「二」字。又黃刊明道本及其覆刻本、寶善堂本等「潔」作「絜」。

21. 【注】十二辰子至亥也擇其吉日令辰以致神

【按】許本「令辰」作「辰所」。《冊府元龜》卷七八〇、江永《禮書綱

〔註6〕（清）汪遠孫：《國語明道本攷異》，頁331。

目》卷、秦蕙田《五禮通考》卷八六引亦作「令」。許本「所」字亦通，唯不與諸本同。

活字本、黃刊明道本及其覆刻本、寶善堂本、《補正》、《集解》、《備要》本、《叢書集成初編》本、上古本等無「也」字，《詳注》有「也」字。

22.【注】昭昭孝敬也

【按】丁跋本「敬」作「養」，汪遠孫《攷異》云：「『敬』作『養』。」〔註7〕或即據丁跋本等為說。此處「明德以昭之」之「之」指代神，故注文當以作「敬」字為是。

23.【注】明不因故也

【按】丁跋本「因」誤作「囚」。

24.【注】啟其毛取其血膋

【按】許本「膋」作「也」，「膋」謂脂膏，且韋注引《詩》為《詩·小雅·信南山》之句，故當有「膋」字。許本脫「膋」字，或《國語》尚有別本在「膋」下有「也」字以助成語氣者。

25.【注】肅疾也承奉也

【按】丁跋本、許本「承」誤作「敬」，因正文無「敬」字而有「承」字。

26.【注】氣志氣也縱放也底箸也

【按】丁跋本「箸」處為空格，當為漏刻。活字本、黃刊明道本及其覆刻本、寶善堂本等「箸」作「著」。

27. 底則滯滯久不震

【按】丁跋本、《百家類纂》本、閔齊伋本「久」作「則」，《楚紀》卷九、《佩文韻府》卷六一引字與丁跋本同。

活字本、黃刊明道本及其覆刻本、寶善堂本、《補正》、《詳注》、《備要》本、《叢書集成初編》本、上古本「不」前有「而」字，「震」作「振」，《非國語》、《冊府元龜》卷七八〇引字亦作「振」。董增齡本「不」誤作「則」。「震」、

〔註7〕（清）汪遠孫：《國語明道本攷異》，頁332。

「振」音同義通，《集解》字作「震」，從公序本。

又「底」字，《四部備要》本作「底」，「底」、「底」字通，拙著《小學要籍引〈國語〉研究》、《〈國語補音〉異文研究》有詳辨，可參。

28. 【注】滯廢也……遂廢滯

【按】丁跋本「廢」誤作「齊」。黃刊明道本及其覆刻本「廢滯」之「廢」誤作「發」，汪遠孫《攷異》已揭出黃刊明道本字誤，《補正》、《集解》、《叢書集成初編》本、《四部備要》本亦皆誤作「發」，又寶善堂本誤作「潑」，上古本、《集解》點校本已改正作「廢」。

29. 是用不從【注】不從上令

【按】丁跋本「令」誤作「食」。活字本、黃刊明道本及其覆刻本「令」下有「也」字。黃刊明道本及其覆刻本、寶善堂本、《補正》、《詳注》、《集解》「是」作「其」，汪遠孫《攷異》已揭出其異。該句上下文既有「其」字，也有「是」字，且句式亦相類，或因而混誤。

30. 【注】於二祧歲祀於壇墠

【按】丁跋本、許本「於二祧」作「及二社」，遞修本作「及二祧」，活字本、黃刊明道本及其覆刻本、寶善堂本、《補正》、《詳注》、《集解》、《備要》本、《叢書集成初編》本作「及二祧」。

薈要本、文淵閣本「於」作「于」，文津閣本「於二祧」之「於」作「于」。審注文上下皆作「於」，此處恐以「於」字爲是。上古本改字作「於」。

31. 卿大夫祀其禮（禮謂五祀及祖所自出也）

【按】丁跋本「禮」作「礼」。《國語評苑》注「禮」作「礼」。
活字本、黃刊明道本及其覆刻本、寶善堂本、《補正》等注無「也」字。
又道春點本「祀」字誤作「祀」。

32. 士庶人不過其祖

【按】童本「過」作「邁」，《異體字字典》未收，或「過」之別體。吳勉學本「庶」作「庻」。

33. 土氣含收（含收收縮萬物含藏也）

【按】丁跋本「土」字誤作「九」，遞修本、許本「收」作「収」，遞修本注云：「含収收縮萬物口口也。」丁跋本注云：「九氣含收萬物成類也。」許本注云：「土氣收縮萬物漢類也。」活字本、黃刊明道本及其覆刻本、寶善堂本、《補正》、《叢書集成初編》本注云：「含收收縮萬物舍藏。」《詳注》注作「含收，收縮。萬物含藏也」，《備要》本、《集解》、上古本無「也」字。許本注「漢類」之「漢」恐「成」字或「含」字之誤，丁跋本、許本注文相近。活字本、黃刊明道本及其覆刻本等「舍」字當為「含」字之誤。《冊府元龜》卷七八〇引注無「也」字，他與金李本同。明人李元吉《讀書囈語》卷八云：「土氣含收，言土氣下降也。」〔註8〕可為註腳。

34. 【注】昌盛也作起也謂天氣上也

【按】丁跋本「天」誤作「九」。

35. 【注】與周語曰王耕一墢班三之

【按】遞修本、許本「墢」作「撥」，二字可通，正當作「墢」。

36. 【注】謂一官之職其寮屬徹於王者

【按】許本「寮」作「僚」。黃刊明道本及其覆刻本、寶善堂本、《補正》、《詳注》、《集解》、《備要》本、《叢書集成初編》本、上古本字作「僚」，活字本作「僚」。

37. 【注】陪屬謂有寮屬

【按】遞修本、丁跋本、薈要本、文淵閣本、文津閣本「寮」作「寮」，許本「寮」作「僚」。活字本、張一鯤本、《國語評苑》、道春點本、千葉玄之本、董增齡本、綠蔭堂本、黃刊明道本及其覆刻本、秦鼎本、寶善堂本等作「僚」。

38. 是之不恤而蓄聚不厭

【按】許本此處「厭」字未改。黃刊明道本及其覆刻本「厭」作「厭」。

〔註8〕（明）李元吉：《讀書囈語》，《續修四庫全書》第1143冊，頁510下。

39. 【注】靈王不君罷獘楚國

【按】許本「獘」作「敝」，活字本「獘」作「敝」，張一鯤本、童本、《國語評苑》、薈要本、文淵閣本、文津閣本、道春點本、千葉玄之本、黃刊明道本及其覆刻本、董增齡本、綠蔭堂本、秦鼎本、寶善堂本、《補正》、《詳注》、《集解》、《備要》本、《叢書集成初編》本、上古本「獘」作「弊」。

又活字本「楚」字多作「楚」。

40. 吳人入楚昭王出奔濟於成曰

【按】許本「曰」作「臼」，遞修本、活字本、張一鯤本、《國語評苑》、童本、《鈔評》、吳勉學本、閔齊伋本、道春點本、千葉玄之本、薈要本、文淵閣本、文津閣本、黃刊明道本及其覆刻本、董增齡本、綠蔭堂本、秦鼎本、寶善堂本「曰」俱作「臼」。則《叢刊》本「曰」字爲「臼」字之誤。

41. 【注】而汝也

【按】許本、黃刊明道本及其覆刻本、寶善堂本、《補正》、《備要》本、《叢書集成初編》本、上古本「汝」作「女」。《集解》無此注文，或脫。

42. 今之敢見觀君之德也曰庶懼而鑒前惡乎（鑒……）

【按】金李本本行 21 字，童本注「鑒」誤作「覽」。黃刊明道本及其覆刻本、寶善堂本、《補正》、《詳注》、《集解》、《備要》本、《叢書集成初編》本、上古本「懼」前有「憶」字。汪遠孫《攷異》謂：「公序本無『憶』字，脫。」〔註9〕審《通鑒外紀》卷八引文有「憶」字。就本文語境而言，無「憶」字亦通，因後文爲「鑒前惡」，故此處唯有「懼」字亦可通，不必有「憶」字。且《國語》全文無「憶」字，又該字晚出。設若有「憶」字，則「憶」當爲「思量」之義，亦可通。公序本、明道本皆可通，不必以黃刊明道本爲正，亦不必以公序本爲脫。

43. 【注】然立平王貪求無厭

【按】許本「厭」作「猒」。黃刊明道本及其覆刻本、寶善堂本、《補正》、《備要》本、《叢書集成初編》本無「平」字，汪遠孫《攷異》云：「『王』

〔註9〕　（清）汪遠孫：《國語明道本攷異》，頁333。

上公序本有『平』字，此脫。」〔註10〕《詳注》、《集解》、上古本增「平」字。

44. 【注】崇終也替廢也詩云曾不崇朝

【按】許本「曾」誤作「會」。

黃刊明道本及其覆刻本「曾」作「曾」，「曾」爲「曾」字之俗。

45. 餘則不君子臨政思義（思公義也）飲食思禮同宴思樂在樂思

【按】金李本本行 22 字，童本移「樂思」於下行，丁跋本移「思」於下行。

46. 【注】柏舉之戰

【按】童本「戰」作「戦」。

活字本、黃刊明道本及其覆刻本注文作「栢舉戰也」，寶善堂本、《補正》、《備要》本、《叢書集成初編》本「栢」作「柏」，他與活字本、黃刊明道本及其覆刻本同。《集解》、上古本注從公序本作「柏舉之戰」。

47. 一夕之宿臺榭

【按】丁跋本「宿」作「宿」，「百」、「白」音同，或「栢」、「柏」同，「宿」、「宿」之理與「栢」、「柏」之理同。

48. 【注】言以訓辭交結諸矦

【按】童本「辭」作「辞」。

49. 能道訓典以敘百物（敘次也物事也）

【按】活字本、丁跋本、張一鯤本、童本、《國語評苑》、《鈔評》、吳勉學本、閔齊伋本、黃刊明道本及其覆刻本、綠蔭堂本等「敘」作「敘」。

50. 【注】所以為甲冑

【按】童本「冑」誤作「胃」。

〔註10〕 （清）汪遠孫：《國語明道本攷異》，頁333。

51. 若諸矦之好幣具而導之以訓辭

【按】許本「具」作「具」。

52. 閏聞國之寶六而已

【按】遞修本、活字本、丁跋本、許本、金李本、童本、張一鯤本、《鈔評》、吳勉學本、黃刊明道本及其覆刻本等《國語》各本「閏」皆作「圍」，是《叢刊》本「閏」字爲「圍」字之誤。

又童本「國」作「国」。

53. 則寶之玉足以庇廕嘉穀

【按】許本、張一鯤本、《國語評苑》、閔齊伋本、董增齡本、綠蔭堂本、董增齡本「廕」作「蔭」。

吳勉學本、黃刊明道本及其覆刻本等「穀」作「穀」。

54. 【注】譁囂猶讙譊謂若鳴玉以相

【按】童本「鳴」誤作「一」。

黃刊明道本及其覆刻本、寶善堂本、《補正》、《詳注》、《備要》本、《叢書集成初編》本、上古本、點校本《集解》注文作「譁踋（囂）猶讙譁謂若鳴玉以相」〔註11〕。汪遠孫《攷異》云：「譁踋，《補音》作『囂』。《解》『讙譁』，公序本作『譊』，《舊音》作『譊』。案：作譁是也。《說文》：『讙，譁也。』『譁，讙也。』」〔註12〕又《說文·言部》：「譊，恚呼也。」〔註13〕《爾雅·釋言》「訆，訟也」郭注云：「言訆譊。」邢疏云：「即讙譊。」陸德明釋文云：「譊即讙字。」〔註14〕則「譊」亦合於本文語境，不誤。

55. 【注】憾恨也無恨謂得志也

【按】童本「憾」作「上」，「上」恐爲重文符號，非「上下」之「上」字。

〔註11〕 王、沈校勘記謂《集解》原本脫「譁囂」之「囂」。
〔註12〕 （清）汪遠孫：《國語明道本攷異》，頁334。
〔註13〕 （漢）許慎：《說文解字》，頁54上。
〔註14〕 （清）阮元校刻：《十三經注疏》，頁2584中。（唐）陸德明：《經典釋文》，上海古籍出版社1985年影印宋刻宋元遞修本，頁1615。

又童本「無」作「无」。

56. 聞子召王孫勝

【按】童本「王」誤作「玉」。

57. 【注】展誠也誠謂復言非忠信之道

【按】童本「謂」誤作「一」。

黃刊明道本及其覆刻本、寶善堂本、《補正》、《詳注》、《備要》本、《叢書集成初編》本無「忠」字，「非」前有「而」字。陳瑑《翼解》卷六云：「此云展而不信者，猶言信而不信也。」〔註15〕京都大學藏本批云：「自縱之謂。」〔註16〕又《集解》引《逸周書》孔晁注云：「展，似信而非。」〔註17〕則固強調「信」而非有「忠」，黃刊明道本似更合，當然「忠信」亦不誤。《集解》、上古本注則從公序本增「忠」字。

58. 【注】言綏之以德必忘怨也

【按】丁跋本、《鈔評》「綏」作「安」。活字本、黃刊明道本及其覆刻本、寶善堂本、《補正》、《集解》、《備要》本、《叢書集成初編》本作「誨」。汪遠孫《攷異》云：「誨，公序本作『綏』，是。」〔註18〕「綏」、「安」義同。《詳注》、上古本改字作「綏」。

59. 今壹五六而必欲用之

【按】許本「壹」作「一」。

60. 安用勝也其能幾何（言危不名）

【按】遞修本、活字本、丁跋本、許本、張一鯤本、薈要本、文淵閣本、文津閣本、道春點本、千葉玄之本、黃刊明道本及其覆刻本、董增齡本、綠蔭堂本、秦鼎本、寶善堂本等「名」皆作「久」，是金李本、《叢刊》本「名」字爲「久」字之誤。《鈔評》「久」作「乆」。

〔註15〕 （清）陳瑑：《國語翼解》卷五，光緒間廣雅書局刻本，本卷頁28。
〔註16〕 （日）林信勝點校：《國語》卷一八，京都大學圖書館藏批校本，本卷頁14。
〔註17〕 徐元誥撰，王樹民、沈長雲點校：《國語集解》（修訂本），頁528。
〔註18〕 （清）汪遠孫：《國語明道本攷異》，頁334。

吳語第十九

1. 【注】吳人大敗之於夫椒

【按】丁跋本「椒」誤作「報」。

2. 【注】申胥楚大夫伍奢之子子胥也名貟

【按】丁跋本「貟」誤作「負」。

3. 【注】挫毀折也

【按】童本「折」誤作「析」。

4. 【注】決鉤弦也拾捍也

【按】丁跋本、許本「捍」作「擇」，許本、閔齊伋本、文淵閣本、文津閣本、黃刊明道本及其覆刻本、寶善堂本等「鉤」作「鈎」。

黃刊明道本及其覆刻本、寶善堂本、《補正》、《備要》本、《叢書集成初編》本、無「也」字，重「拾」字，活字本無「弦也」之「也」字。又活字本、《百家類纂》本「決」作「决」。汪遠孫《國語明道本攷異》云：「决，《補音》云：『或作夬。』公序本少一『拾』字，此當衍。」〔註1〕上古本「拾」字不重。《集解》引《詩・車攻篇》毛傳曰：「決，鉤弦也。拾，遂也。」《正義》曰：「決著於右手大指，所以鉤弦開體。遂著於左臂，所以遂弦。」徐氏按云：「決以象骨為之，如今之班指。遂以皮為之，如今之袖套，其非射時，

〔註1〕 （清）汪遠孫：《國語明道本攷異》，頁334。

則謂之拾。拾，斂也，所以蔽膚斂衣也。『決』字亦作『抉』、『夬』。」〔註 2〕則「決」、「拾」皆動詞，而兼有軍事器具名詞義。

5. 【注】素猶豫也履行也

【按】童本「履」作「屨」，亦「履」之俗字。

6. 既罷弊其民

【按】許本、《鈔評》「弊」作「敝」。

7. 【注】翳是也使白骨生肉德至厚也

【按】丁跋本「肉」作「肉」。

遞修本、活字本、《百家类纂》本、張一鯤本、《國語評苑》、閔齊伋本、薈要本、文淵閣本、文津閣本、道春點本、千葉玄之本、黃刊明道本及其覆刻本、綠蔭堂本、董增齡本、秦鼎本、寶善堂本等《國語》各本「翳」俱作「緊」。是《叢刊》本「翳」字爲「緊」字之誤。

8. 今君王不察盛怒屬兵

【按】丁跋本「屬」誤作「爲」，注文不誤。《鈔評》「屬」作「属」。

9. 以晐姓於王宮（一𠆤一人……）

【按】丁跋本、許本「宮」誤作「官」，丁跋本注文「一」皆誤作「二」，《百家類纂》本正文「嫡女」前之「一」字誤作「二」。

《百家類纂》本、薈要本、文淵閣本、文津閣本、黃刊明道本及其覆刻本、董增齡本、寶善堂本、《補正》、《詳注》、林泰輔本、《集解》、《備要》本、《叢書集成初編》本、上古本「𠆤」作「介」，活字本作「个」，「𠆤」、「介」、「个」本一字，拙稿《〈國語・吳語〉韋昭、眞德秀注比較》有詳辨，可參。

又《百家類纂》本「晐」字作「晐」，「晐」當爲「晐」字別體，《異體字字典》失收，當補。

〔註 2〕徐元誥撰，王樹民、沈長雲點校：《國語集解》（修訂本），頁 537。

10. （豎之屬）春秋貢獻不解於王府大王豈辱裁之（豈能辱意裁制
之）

【按】童本「豎」誤作「堅」。金李本本行 21 字，童本移注文「之」字
於下行。

丁跋本「大」字旁有「天」字，則是以「大」字或爲模棱兩可，故復書
「天」字。因爲《吳語》本處上下文都稱吳王爲「天王」。活字本、薈要本、
文淵閣本、文津閣本、黃刊明道本及其覆刻本、董增齡本、秦鼎本、寶善堂
本、《補正》、《詳注》、林泰輔本、《集解》、《備要》本、《叢書集成初編》本、
上古本「大」作「天」，秦鼎云：「天，舊作大，誤也。今從明本。」〔註3〕

11. 【注】明顯也聞於天下言天下備聞也

【按】童本「顯」作「㬎」。活字本、黃刊明道本及其覆刻本、寶善堂本、
《補正》、《備要》本、《叢書集成初編》本、上古本無「聞於天下言天下備聞
也」諸文。汪遠孫《攷異》、秦鼎《定本》皆已揭出，上古點校本唯錄《攷異》
文字以爲案語。《集解》點校本以爲《集解》有脫文，據公序本補〔註4〕。實
《集解》也是明道本的底子，即據《補正》等錄文，未可以脫漏視之。

12. 【注】芟草曰刈勞功也

【按】童本無「也」字。董增齡本「草」作「屮」。

13. 【注】秉執也義宐也

【按】遞修本、活字本、丁跋本、張一鯤本、《國語評苑》、薈要本、文
淵閣本、道春點本、千葉玄之本、黃刊明道本及其覆刻本、綠蔭堂本、董增
齡本、秦鼎本、寶善堂本等「宐」作「宜」，《鈔評》、文津閣本作「冝」。

14. 吳王夫差乃告諸大夫曰孤將有大志於齊（欲伐齊也）吾將許

【按】金李本本行 22 字，童本規整爲 20 字。活字本、黃刊明道本及其
覆刻本、寶善堂本、《補正》、《備要》本、《叢書集成初編》本、上古本注文
作「言欲伐齊」。《集解》注從公序本。汪遠孫《攷異》已揭出明道本與公序

〔註3〕 （日）秦鼎：《春秋外傳國語定本》卷一九，本卷頁2。
〔註4〕 徐元誥撰，王樹民、沈長雲點校：《國語集解》（修訂本），頁563。

本注文之異。兩種注文形式皆通。

15. 吾又何未若其不改

【按】遞修本、活字本、許本、《百家類纂》本、張一鯤本、《國語評苑》、《鈔評》、吳勉學本、道春點本、千葉玄之本、薈要本、文淵閣本、文津閣本、黃刊明道本及其覆刻本、董增齡本、綠蔭堂本、秦鼎本、寶善堂本等《國語》各本「未」皆作「求」，是金李本、《叢刊》本「未」字誤。

16. 非實忠心好吳也

【按】丁跋本、許本、《百家類纂》本、《鈔評》「忠」作「中」，「中」、「忠」可通。汪遠孫《攷異》云：「許本『忠』作『中』。」〔註5〕

17. 又非懾畏吾甲兵之彊也

【按】童本、《國語評苑》「彊」作「彊」，薈要本、文淵閣本、董增齡本作「強」，文津閣本作「强」。活字本「之」、「彊」誤倒。

薈要本、文津閣本、黃刊明道本及其覆刻本、寶善堂本、《補正》、《詳注》、《集解》、《備要》本、《叢書集成初編》本、上古本「甲兵」作「兵甲」。「甲兵」、「兵甲」皆可通，拙稿《〈國語‧吳語〉韋昭、眞德秀注比較》、《唐宋類書引〈國語〉研究》有詳辨，可參。

又吳勉學本「吾」作「吳」，董增齡本「吾」作「我」，雖義可通，然不與《國語》各本同。

《鈔評》「懾」誤作「攝」。

18. 大夫種勇而善謀將還玩吳國

【按】丁跋本、許本、《鈔評》「將」作「既」，《經濟類編》卷六五引作「既」字，「既」當爲「將」字誤。

活字本、黃刊明道本及其覆刻本、寶善堂本、《補正》、《備要》本、《叢書集成初編》本「吳」作「吾」。汪遠孫《攷異》云：「公序本『吾』作『吳』，是也。《太平御覽‧人事九十七》、《鱗介六》引《國語》並作『吳』字。」〔註6〕審《通鑑外紀》卷八、《妙絕古今》卷一引字即作「吾」，而《春秋臣

〔註 5〕　（清）汪遠孫：《國語明道本攷異》，頁335。
〔註 6〕　（清）汪遠孫：《國語明道本攷異》，頁335。

傳》卷二六、《西山文集》卷一四、《文章正宗》卷四、《經濟類編》卷六五、《文章辨體匯選》卷五三、卷二〇一、卷四九四、《喻林》卷四、《尙史》卷六三、《繹史》卷九六引字作「吳」。「吾」、「吳」二字皆適用於本文語境，申胥此時即爲吳臣，則恐以用「吾」字更合其身份。《詳注》、《集解》、上古本從《攷異》改「吾」作「吳」。

19. 【注】婉順也約卑也

【按】丁跋本、許本、《鈔評》「卑」作「少」。「少」、「卑」義同。

20. 使吾甲兵鈍弊

【按】許本「弊」作「敝」，《鈔評》、黃刊明道本及其覆刻本作「獘」。拙稿《〈國語·吳語〉韋昭、眞德秀注比較》有詳辨，可參。

21. 【注】憔悴瘦病也

【按】許本此處「瘦」字未改。《札記》、《攷異》俱云：「《補音》作『顇頷』。」〔註7〕今各書所引以及《國語》各本皆作「憔悴」。張以仁《斠證》謂「憔悴」爲俗字。拙著《〈國語補音〉異文研究》於「憔悴」、「顇頷」等有詳辨，可參。

22. 吳王夫差既許越成乃大戒師徒……

【按】《國語評苑》本行 24 字，遞修本、金李本 22 字，薈要本、文淵閣本、文津閣本、綠蔭堂本、董增齡本 21 字，許本、童本、張一鯤本、《鈔評》、道春點本、黃刊明道本及其覆刻、秦鼎本 20 字，閔齊伋本 19 字，吳勉學本、千葉玄之本 18 字，活字本 17 字。寶善堂本本行直承上文，並未單獨別行。

《鈔評》「越」作「越」。

23. 罷弊楚國以間陳蔡

【按】許本「弊」作「敝」，《鈔評》作「獘」。
文津閣本「國」字誤作「滅」。

〔註7〕 （清）黃丕烈：《校刊明道本韋氏解國語札記》，頁 263。（清）汪遠孫：《國語明道本攷異》，頁 335。

活字本、《百家類纂》本、《鈔評》、薈要本、文津閣本、秦鼎本「閒」作「間」。

24. 不忍飢勞之殃

【按】活字本、許本、《百家類纂》本、《國語評苑》、吳勉學本、《鈔評》、薈要本、文津閣本、道春點本、千葉玄之本、黃刊明道本及其覆刻本、董增齡本、綠蔭堂本、秦鼎本、寶善堂本、《補正》、《詳注》、《集解》、《備要》本、《叢書集成初編》本、上古本「飢」作「饑」。審《通鑒外紀》、《路史》、《文章正宗》、《天中記》引字皆作「飢」。「飢」、「饑」字雖不同，音同可通，然正當作「饑」。

25. 【注】尹無宇之子也……無宇之子申亥曰吾父再奸王命

【按】許本「宇」作「寓」，丁跋本「奸」誤作「好」。
黃刊明道本及其覆刻本、寶善堂本等無「也」字。

26. 今王既變鮌禹之功（……魯語曰禹能以德脩鮌之功）

【按】遞修本、丁跋本、吳勉學本、董增齡本「鯀」作「鮌」，許本「鮌」作「鯀」。黃刊明道本及其覆刻本「鮌」字避諱。活字本闕本頁，故不知如何。「鮌」、「鯀」同，拙著《小學要籍引〈國語〉研究》有詳辨，可參。此處金李本、張一鯤本、薈要本等皆未能守公序本之例，正文作「鮌」而注文作「鯀」。
又張一鯤本、《國語評苑》、文津閣本、道春點本、千葉玄之本、黃刊明道本及其覆刻本、董增齡本、綠蔭堂本、秦鼎本、寶善堂本等「脩」作「修」。

27. 【注】高高起臺榭下下深汙池也

【按】許本、寶善堂本、《集解》「汙」作「污」，黃刊明道本及其覆刻本、《補正》、《詳注》、《備要》本、《叢書集成初編》本、上古本字作「污」，「汙」、「污」、「污」三字本皆一字。又黃刊明道本及其覆刻本、寶善堂本等無「也」字。《鈔評》「深」作「㴱」。

28. 今王將很天而伐齊（很違也）

【按】許本、張一鯤本、《國語評苑》、《鈔評》、吳勉學本、道春點本、

千葉玄之本、綠蔭堂本「很」作「狠」，「很」、「狠」音同義通。拙稿《〈白氏
六帖事類集〉引〈國語〉校證》有詳辨，可參。

29. 譬如羣獸然一个負矢

【按】許本「獸」作「嘼」、「个」作「箇」，注同。

黃刊明道本及其覆刻本「獸」作「獸」。

《鈔評》「矢」誤作「夂」。

30.【注】言吳民臨陳就戰或小有傾傷亦復然也

【按】童本「民」誤作「氏」。黃刊明道本及其覆刻本、寶善堂本、《補
正》、《備要》本、《叢書集成初編》本無「或」字、「傾」作「很」。《攷異》
云：「『小』上，公序本有『或』字，『狠』作『傾』，是也。」〔註8〕《集解》、
上古本字改作「傾」且增「或」字。

31. 王其無方收也（方道也收還也）

【按】童本正文「收」作「収」，注文「收」作「収」。「収」字亦為「收」
字之異體，見於《廣碑別字》引《唐玄武丞楊仁方墓誌》。

32. 吳王夫差既勝齊人於艾陵乃使行人奚斯釋言於齊（奚斯）

【按】《國語評苑》本行 24 字，遞修本、金李本 22 字，薈要本、文淵閣
本、文津閣本、綠蔭堂本、董增齡本 21 字，童本、張一鯤本、道春點本、黃
刊明道本及其覆刻本、秦鼎本、寶善堂本 20 字，閔齊伋本 19 字，千葉玄之
本 18 字，活字本 17 字。

33. 吳國之俊遵汶（俊兵也汶齊水名）

【按】活字本、許本、黃刊明道本及其覆刻本、董增齡本、寶善堂本等
「**俊**」作「役」，《說文·殳部》：「役，古文役，从人。」〔註9〕則「**俊**」、「役」
同字。

又《國語評苑》「齊」作「斉」。

〔註8〕　（清）汪遠孫：《國語明道本攷異》，頁 335。審振綺堂本、《四部備要》本
　　　　「狠」作「很」，是崇文本、《國學基本叢書》本「狠」字為「很」字之誤。

〔註9〕　（漢）許慎：《說文解字》，頁 66 下。

34. 以刈殺四方之蓬蒿

【按】許本「蓬」作「蓬」。

35. 【注】撓擾也度法也

【按】許本「擾」誤作「撓」，童本無「度法也」三字，但留有空格。活字本、黃刊明道本及其覆刻本、寶善堂本、《補正》、《備要》本、《叢書集成初編》本、上古本「度法也」作「度法度」，義皆可通，汪遠孫《攷異》已揭出，唯訓詁形式不同，一爲「×，×也」形式，一爲「×，×」形式。《詳注》、《集解》注改從公序本作「度，法也」。

36. 以不陷於大難

【按】活字本、許本、《國語評苑》、吳勉學本、道春點本、千葉玄之本、黃刊明道本及其覆刻本、綠蔭堂本、寶善堂本「陷」作「𨼤」，「臽」、「臽」形近，故「陷」得作「𨼤」。拙著《〈國語補音〉異文研究》有詳辨，可參。

又許本「大」誤作「太」。

37. 今王播棄黎老（播放也黎凍棃壽徵也）

【按】活字本、張一鯤本、童本、吳勉學本、《鈔評》、薈要本、道春點本、千葉玄之本、黃刊明道本及其覆刻本、綠蔭堂本「黎」作「黎」。

活字本、黃刊明道本及其覆刻本、寶善堂本、《補正》、《詳注》、《集解》、《備要》本、《叢書集成初編》本、上古本注文作「鮐背之耇稱黎老播放也」，汪遠孫《攷異》謂明道本「播放也」三字當在注文最前，薈要本、文淵閣本、文津閣本注文即作「播放也鮐背之耇稱黎老」，汪氏言是。《札記》云：「韋蓋直訓『黎』爲『黑』，而以『黥背之耇』解之，與他書言『如凍梨色者』不同。宋公序本非也。」〔註10〕王引之《經義述聞》卷三一引明道本注復謂：「元、明本作『黎凍棃壽徵也』，後人所改也。宋庠《補音》出注『黎凍棃』三字，則所見本已然。」〔註11〕是《札記》、《述聞》皆以公序本注文非是。《書·周書·泰誓》作「播棄犁老」，僞孔傳云：「鮐背之耇稱犁老。布棄，不禮敬。」孔穎達（574～648）《正義》云：「《釋詁》云：『鮐背、耇老。

〔註10〕（清）黃丕烈：《校刊明道本韋氏解國語札記》，頁263。
〔註11〕（清）王引之：《經義述聞》卷三一，道光七年壽藤書屋刻本，本卷頁28。

壽也。』舍人曰：『鮐背，老人氣衰，皮膚消瘠，背若鮐魚也。』孫炎曰：『耇，面凍棃色，似浮垢也。』然則老人背皮似鮐、面色似棃，故鮐背之耇稱棃老。《傳》以『播』爲『布』。布者，徧也。言徧棄之，不禮敬也。」〔註12〕從孔氏所引舍人、孫炎之說看，公序本、明道本之說只是側面不同，而實際意義則一樣。又從對「播」字的解釋看，韋注之釋以「播棄」爲同義並列復合結構，而僞孔傳之釋則以「播棄」爲偏正結構。

38. 【注】世繼世也

【按】活字本、童本「繼」作「継」。

黃刊明道本及其覆刻本「世」作「丗」且活字本、黃刊明道本及其覆刻本、寶善堂本等無「也」字。

39. 用能援持盈以沒（盈㵫也）

【按】童本「盈」作「盈」，多本作「盈」，「夕」、「又」形近。字作「盈」者，構件「夂」實由「盈」之篆書體「盈」中之「屮」演變而成者。

40. 孤不使大夫得有見也

【按】丁跋本、許本、《鈔評》「得有」下有「目」字，或衍。《經濟類編》卷二一、明人錢希言《劍莢》卷一三引亦皆有「目」字，或即據丁跋本或許本錄文。《尙史》卷六三引省「得有」二字，《史記》索隱、《通鑑外紀》卷九引省「有」字。

41. 【注】稔孰也謂後年不至於孰而北征也夫差以哀十一年殺子胥　十二年會魯于橐皋

【按】丁跋本、許本「而北征也」作「也殺申胥」，「子」作「申」。

活字本、薈要本、文淵閣本、文津閣本、黃刊明道本及其覆刻本、寶善堂本等「孰」作「熟」。

又活字本、張一鯤本、《國語評苑》、閔齊伋本、道春點本、千葉玄之本、綠蔭堂本、文津閣本、黃刊明道本及其覆刻本、秦鼎本、寶善堂本等「于」作「於」。

〔註12〕　（清）阮元校刻：《十三經注疏》，頁 181 中。

董增齡本「以」字作「於」，亦通，唯不與《國語》各本同。

又黃刊明道本及其覆刻本「差」字作「差」，「差」亦「差」字別體。

42.【注】沂水名出秦山蓋南至下邳入泗

【按】遞修本、活字本、許本、薈要本、文淵閣本、文津閣本、黃刊明道本及其覆刻本、董增齡本、綠蔭堂本、秦鼎本、寶善堂本等「秦」作「泰」，是金李本、張一鯤本、《國語評苑》、道春點本、千葉玄之本等「秦」字爲「泰」字之誤。

又丁跋本「蓋」誤作「益」。

43.【注】事在魯哀十三年

【按】丁跋本「在」處空格無字，或漏刻。遞修本、活字本、黃刊明道本及其覆刻本、寶善堂本、《補正》、《集解》、《備要》本、《叢書集成初編》本、上古本「事」作「會」，二字俱可通。審韋注凡此之類多云「事在××」，此處或當亦以作「事」爲勝。因黃池本爲吳晉爭長之會，故「會」字亦通。

44. 句踐乃命范蠡舌庸（二子越大夫）

【按】丁跋本、《鈔評》「舌庸」誤作「任事」，無「二子」注文，文下缺頁。黃刊明道本及其覆刻本、寶善堂本、《補正》、《備要》本、《叢書集成初編》本「舌」作「后」。審包括活字本在內的其他多本字皆作「舌」，故字當作「舌」，《札記》、汪遠孫《發正》、《攷異》皆予以揭出。《詳注》、《集解》、上古本從而改「后」作「舌」。

又活字本、薈要本、文淵閣本、文津閣本、黃刊明道本及其覆刻本、寶善堂本等「句」作「勾」。

45. 率師沿海泝淮以絕吳路（沿順也逆流而上曰泝）

【按】許本「泝」皆作「𣻣」，是用《說文》直接楷化字。又活字本、寶善堂本「泝」誤作「沂」。又下文「乃率中軍泝江」之「泝」，活字本、千葉玄之本、寶善堂本亦誤作「沂」。閔齊伋本「沿」改作「沿」。「沿」、「沿」同字，《詳注》已注明。拙稿《唐宋類書引〈國語〉研究》有詳辨，可參。

46.【注】王子友夫差大子也

【按】許本「友」字未改，又遞修本、活字本、許本、張一鯤本、《國語評苑》、童本、道春點本、千葉玄之本、薈要本、文淵閣本、文津閣本、黃刊明道本及其覆刻本、董增齡本、綠蔭堂本、秦鼎本、寶善堂本、《補正》、《詳注》、《備要》本、《叢書集成初編》本、上古本「大」作「太」。

47. 徙其大舟（大舟王舟徒取也）

【按】遞修本、活字本、許本、張一鯤本、童本、《國語評苑》、薈要本、文淵閣本、文津閣本、道春點本、千葉玄之本、黃刊明道本及其覆刻本、綠蔭堂本、董增齡本、秦鼎本、寶善堂本等「徙」字俱作「徙」，是金李本、《叢刊》本「徙」字爲「徙」字之誤。

《鈔評》「徙」作「徙」，「徙」亦「徙」、「徙」二字別體，《龍龕手鑒》見收。

48.【注】欲決口計求先晉也濟成也

【按】遞修本、活字本、許本、金李本、張一鯤本、童本等空白處作「一」，是《叢刊》本因原本字跡模糊而漏。

活字本、黃刊明道本及其覆刻本、寶善堂本等無「晉也」之「也」字。

49. 彼近其國有遷我絕慮無遷

【按】童本「有」誤作「冇」。

50.【注】設許其勸勉者以此民封之於江淮

【按】童本「勸」作「勸」。

51. 吳王昏乃戒令秣馬食士

【按】本句爲一篇首句，審各本本行字數，遞修本、金李本、《國語評苑》、黃刊明道本及其覆刻本 22 字，薈要本、文淵閣本、文津閣本、董增齡本 21 字，許本、童本、張一鯤本、《鈔評》、道春點本、秦鼎本 20 字，閔齊伋本 19 字，吳勉學本、千葉玄之本 18 字，活字本 17 字。

又活字本「昏」作「晷」。

52.【注】二君皆云官帥大夫也……亦恐有聲也……名藉也

【按】遞修本、丁跋本、許本、張一鯤本、《國語評苑》、薈要本、文淵閣本、文津閣本、道春點本、千葉玄之本、綠蔭堂本、秦鼎本亦皆作「二君」。活字本、黃刊明道本及其覆刻本、董增齡本、寶善堂本、《補正》等「二」作「三」。凡韋注引賈逵、唐固、虞翻，言必稱「三君」，引二人者，往往以「賈唐」、「虞唐」等出之，不作「二君」。故此「二君」疑即「三君」之誤。童本無「有」字，當係誤脫。

又許本、張一鯤本、薈要本、文淵閣本、文津閣本、道春點本、千葉玄之本、黃刊明道本及其覆刻本、董增齡本、綠蔭堂本、秦鼎本寶善堂本等「藉」作「籍」，正當作「籍」。

53. 建**肥**胡奉文犀之渠（**肥**胡幡也）

【按】許本、張一鯤本等《國語》多本「**肥**」則作「肥」，「**肥**」亦「肥」字之別體，已見前文。

54.【注】上大夫汝嬖大夫

【按】許本、董增齡本「汝」作「女」。

55.【注】周禮將軍執晉鼓建謂為之楹而樹之

【按】活字本「晉」作「晋」，《國語評苑》、童本「禮」作「礼」，「將」作「将」。許本此處「樹」字未改。

活字本、黃刊明道本及其覆刻本、寶善堂本、《補正》、《備要》本、《叢書集成初編》本重「晉鼓」，活字本、上古本、《集解》不重，明道本各本「爲」後俱無「之」字。《集解》從公序本增「之」字。有無「之」字俱通。「建」字注文當前移於「常」字注文之下。

56.【注】百行故曰萬人正曰方也

【按】活字本、黃刊明道本及其覆刻本、寶善堂本、《補正》、《集解》、《備要》本、《叢書集成初編》本、上古本無「故曰」之「曰」字，「正曰」之「曰」作「四」。又遞修本、丁跋本、許本、薈要本、文淵閣本、文津閣本、董增齡本「正曰」之「曰」亦作「四」。活字本「人」、「正」之間有空格。汪遠孫《攷

異》云：「『故』下，公序本有『曰』字，衍。」〔註13〕審上文「徹行百行」韋注云：「以百人通爲一行。」故此處云：「百行，故曰萬人。」「曰」字不衍，汪氏之說未可從。當然，無「故曰」之「曰」字，文句亦通。既萬人以爲方陣，而一行爲百人，則確乎爲正四方之陣，是金李本、張一鯤本、道春點本、千葉玄之本、綠蔭堂本、秦鼎本、《叢刊》本「正曰方」之「曰」爲「四」字之誤。

57. 【注】交龍為旂素甲白甲也矰矢名以白羽為衞荼茅秀也

【按】許本「衞」作「之」，「秀」作「牙」。《鈔評》「矢」誤作「夭」，「秀」作「芽」。羅泌（1131～1189）《路史》卷一八《後紀九》「羿以善射，服事先王。乃命司衡，賜以累矰、彤弓、蒿矢」注引郭云：「累矰，矢名，以白羽爲之。《大傳》云『白羽之矰』是也。或作『繪』非。」〔註14〕郭所云者，蓋謂白羽爲製矰材料之一；韋注所云，蓋謂白羽在矰中的具體功能，所釋不同。許本不當改作。又《說文·艸部》：「荼，苦荼也。」徐鉉注：「即今之茶字。」〔註15〕又《詩·鄭風·出其東門》「有女如荼」毛傳云：「荼，英荼。」鄭箋云：「荼，茅秀。」〔註16〕則韋注恐據鄭箋爲釋。許本「秀」作「牙」者，蓋以「荼」即「茶」，而「茶」往往取其芽尖，故作「牙」字。然此處明吳軍隊之顏色，故當以韋注「秀」字爲當，許本「牙」字、《鈔評》「芽」字恐誤。

又活字本、黃刊明道本及其覆刻本、寶善堂本等無「白甲也」之「也」字。

又《鈔評》、薈要本「矰」作「矰」。

58. 王親秉鉞

【按】許本、《國語評苑》、二乙堂本、薈要本、綠蔭堂本「鉞」作「鉞」，遞修本作「鉞」，吳勉學本作「鉞」，活字本作「鉞」，《鈔評》「鉞」誤作「越」。關於這種漢字書寫以及文字應用方式及其規則，拙稿《唐宋類書引〈國語〉研究》結語部分已經進行過較爲詳細論證，可參，此不贅。《集解》云：「『鉞』，

〔註13〕 （清）汪遠孫：《國語明道本攷異》，頁336。

〔註14〕 （宋）羅泌：《路史》，《景印文淵閣四庫全書》第383冊，頁158下。

〔註15〕 （漢）許慎：《說文解字》，頁26下。

〔註16〕 （清）阮元校刻：《十三經注疏》，頁346上。

本作『戉』。」〔註17〕「戉」爲象形字，加「金」示其材質。

59.【注】熊虎為旗此王所帥中軍

【按】許本「熊虎爲」作「秉鉞載」，「帥」作「御」。審正文作「王親秉鉞載白旗以中陳而立」，無「熊虎」等字，或許本改作之由。然審上文韋注「日月爲常」、「交龍爲旆（旗）」，下文韋注「鳥隼爲（日）旗」，則此處注作「熊虎爲旗」亦是，是許本誤。「帥」、「御」義亦相會，審《禮書綱目》卷四八、《六典通考》卷一五三引字即作「御」，或即本許本以及許本之相關版本。

60. 勇怯盡應

【按】童本「盡」作「盡」。

61. 而造於弊邑

【按】許本「弊」作「敝」，《國語評苑》、《鈔評》、道春點本、千葉玄之本、秦鼎本作「獘」。

62.【注】敢問先期亂次之故

【按】童本「亂」作「乱」。活字本、黃刊明道本及其覆刻本、寶善堂本、《補正》、「先」作「失」。汪遠孫《攷異》云：「失，公序本作『先』，是也。」〔註18〕上文謂「以日中爲期」，而吳軍昧明即振旅，其行爲客觀上自爲「先期」，而其實際實亦「失期」。故「失」、「先」皆可通。若從本處注文「亂次」之句而言，則「失」字恐優於「先」字，汪氏之說未必是。《詳注》、《集解》、上古本從公序本作「先」。

63.【注】皆在春秋之始非所以責定公也

【按】許本「秋」未改字。活字本、黃刊明道本及其覆刻本、寶善堂本等無「也」字。

64. 乃皆進自剄於客前以酬客（賈唐二君云剄剄也酬報也……）

【按】丁跋本批：「剄，於加切。」丁跋本注音據《補音》。許本「酬」

〔註17〕 徐元誥撰，王樹民、沈長雲點校：《國語集解》（修訂本），頁549。
〔註18〕 （清）汪遠孫：《國語明道本攷異》，頁337。

作「醶」，二字同。活字本、黃刊明道本及其覆刻本、寶善堂本、《補正》、《備要》本、《叢書集成初編》本「自」誤作「曰」，《札記》、《攷異》、《集解》皆已揭出，《詳注》、上古本、《集解》皆改正作「自」。

65. 【注】毒猶^暴也言若猛獸被毒悖暴也

【按】童本「猶」誤作「尤」。活字本無「悖暴」後之「也」字。黃刊明道本及其覆刻本、寶善堂本、《補正》、《備要》本、《叢書集成初編》本「暴也」作「逆」，「暴」作「暴」。恐當以作「暴」爲是，《詳注》、《集解》、上古本改作「暴」。

66. 【注】徒空也不空許㝉有辭義

【按】丁跋本「㝉」誤作「宄」，童本「辭」作「辞」。

活字本、黃刊明道本及其覆刻本、寶善堂本、《補正》、《集解》、《備要》本、《叢書集成初編》本、上古本「不」前有「言」字，「不」後有「可」字，汪遠孫《攷異》已揭出，有無二字無礙於文義，但有此二字似更清通。

活字本、道春點本、黃刊明道本及其覆刻本「㝉」字作「㝉」，張一鯤本、《國語評苑》、薈要本、文淵閣本、文津閣本、千葉玄之本、秦鼎本「㝉」作「宜」。綠蔭堂本、董增齡本、《詳注》「㝉」作「謂」，是董增齡當時所據之公序本即綠蔭堂本一類。

67. 寡君未敢觀兵身見（觀示也）

【按】丁跋本「見」誤作「光」，童本注文「觀」作「观」。

68. 曩君之言（曩向也）

【按】童本「曩」作「曩」，《國語評苑》、吳勉學本、閔齊伋本、薈要本、文淵閣本、文津閣本、道春點本、千葉玄之本、綠蔭堂本、董增齡本、秦鼎本、寶善堂本等「曩」作「曩」。

69. 請貞於陽卜收文武之諸侯（貞正也龜曰卜以火發兆故曰陽言吳欲正陽卜收復文王武王之諸侯以奉天子）

【按】丁跋本「兆」誤作「非」。丁跋本、許本「吳」作「今」，「今」字亦通，唯與《國語》多本不同。又許本「收」作「修」，未如《國語》多本之

作「收」字更合。童本、道春點本「收」作「收」。遞修本「貞」字闕末筆爲諱。

70. 【注】此晉述天子告讓之言也

【按】許本「告」誤作「先」。

活字本、黃刊明道本及其覆刻本、寶善堂本、《補正》、《備要》本、《叢書集成初編》本、上古本「言也」作「辭」，亦通。《集解》注從公序本。

71. 【注】不得繼世續前人之職

【按】活字本、童本「繼」作「継」。黃刊明道本及其覆刻本「世」作「卋」。

72. 用命孤禮佐周公以見我一二兄弟之國

【按】許本「佐」未改字，注同。

73. 【注】休息也周公周之太宰諸矦之師也君有蠻荊之虞故命晉以禮佐助周公與兄弟之國相見

【按】活字本、許本「太」作「大」。許本「助」作「於」，義亦可通，唯與《國語》多本不同。

黃刊明道本及其覆刻本「宰」作「宰」。

活字本、黃刊明道本及其覆刻本、寶善堂本、《補正》、《集解》、《備要》本、《叢書集成初編》本、上古本「師也」之「也」作「言」，「晉」後有「矦」字。汪遠孫《攷異》謂公序本無「言」字爲脫誤，實無「言」字亦可通。若既有「也」字，又有「言」字，最爲通洽。有無「矦」字無礙於文義。

74. 吾先君闔廬不貰不忍

【按】活字本、丁跋本、《鈔評》、薈要本、文淵閣本、文津閣本、黃刊明道本及其覆刻本、董增齡本、寶善堂本等「闔」作「闔」，「盇」、「益」異體字，故「闔」、「闔」同字。下條亦同。

又黃刊明道本及其覆刻本「貰」作「貰」。

75. 王總其百執事（賈侍中云：王，往也。百執事，百官也。昭謂：
王，闔廬也。賈君以為告天子，不宜稱王，故云往也。下言夫
概稱王，不避天子，故知上王為闔廬也）

【按】許本、《國語評苑》、吳勉學本、《鈔評》、薈要本、文淵閣本、文
津閣本、道春點本、千葉玄之本、綠蔭堂本、董增齡本、秦鼎本、《補正》等
「總」作「總」，《鈔評》作「總」。

活字本、許本、黃刊明道本及其覆刻本、寶善堂本、《補正》等「概」作
「橜」，「概」、「橜」皆同字。

又許本「不避」上有「作亂」二字，和《國語》各本不同，然義亦可通。

活字本、黃刊明道本及其覆刻本、寶善堂本等「百官」下無「也」字。

童本注文唯「賈侍中云王往賈君以為告天」，無下注文，當係漏刻。

76. 以奉其社稷之祭（言脩楚祭祀也）

【按】童本重「以奉其社稷之祭時謂王其父子」，是刻誤。

活字本、黃刊明道本及其覆刻本、寶善堂本等無「也」字，「脩」作
「修」。

又張一鯤本、文津閣本、道春點本、千葉玄之本、綠蔭堂本、董增齡本、
秦鼎本「脩」亦作「修」。

77. 【注】昆兄也

【按】丁跋本、許本「也」作「弟」。「昆」字既可訓為「兄」，也可訓為
「兄弟」，故「也」、「弟」二字皆通。然「昆，兄也」是「X，X 也」的訓詁
格式，而「昆，兄弟」為「X，X」之訓詁格式，且正文既作「昆弟」，而此處
唯釋「昆」字，恐當以《國語》多本注文「昆，兄也」為是。《鈔評》正文作
「兄弟」。

78. 遵汶伐博（博齊別都）

【按】丁跋本、許本「齊」作「郭」，活字本、童本、吳勉學本、《鈔評》
「博」作「博」。《冊府元龜》卷七九五、《劍筴》卷一二引亦作「齊」。《說
文‧邑部》：「郭，郭也。」〔註19〕若從丁跋本、許本「郭」字，則注當斷作

〔註19〕 （漢）許慎：《說文解字》，頁 132 上。

「博，郭，別都」，未如「博，齊別都」更能起到明晰語義的功效，故以注文作「博，齊別都」爲是，丁跋本、許本誤。《鈔評》注云：「博，都名。」〔註20〕亦是。

79. 蓋笠相墼於艾陵

【按】活字本、丁跋本、許本、《鈔評》、黃刊明道本及其覆刻本、寶善堂本、《補正》、《詳注》、林泰輔本、《集解》、《備要》本、《叢書集成初編》本、上古本「蓋」作「簦」，注同。「艸」、「竹」形近，故以「艸」、「竹」二字爲構件之字每多相混。

80. 余沿江沂淮闕溝深水

【按】許本「沂」作「濟」。活字本、吳勉學本、薈要本「沂」誤作「沂」。文淵閣本、《集解》、《備要》本、《叢書集成初編》本、上古本「沿」作「沿」。

又道春點本「深」作「深」。

81. 【注】繼先王之禮獻我一人

【按】活字本「繼」作「継」，童本、寶善堂本「繼」作「繼」。

82. 【注】說云謂民流厲王於彘也

【按】許本「於」作「亐」，即「于」字。

活字本、黃刊明道本及其覆刻本、寶善堂本等無「也」字。

83. 今伯父曰戮力同德（戮並也）

【按】丁跋本、許本「並」作「共」，「共」、「並」義同，又秦鼎云：「並、併通。」〔註21〕《通鑒外紀》卷九、《繹史》卷九六下引字作「勠」，實「勠」當爲本文正字，汪遠孫《攷異》已揭出。《集解》即改字作「勠」。活字本正文「戮」作「戮」，亦「戮」字別體。

〔註20〕（明）穆文熙輯：《國語鈔評》卷八，本卷頁 37。
〔註21〕（日）秦鼎：《春秋外傳國語定本》卷一九，本卷頁 14。

84. 伯父秉德已侈大哉

【按】許本「秉德」下有「也」字。汪遠孫《攷異》已注意到許本與金李本之別，云：「許本下有『也』字，金本無。」〔註22〕今審各書引文無從許本者。

85. 大夫種乃倡謀（發始為倡）

【按】遞修本、丁跋本、《鈔評》正文「倡」作「昌」，注文則仍作「倡」字，「昌」、「倡」古今字。活字本正文、注文皆作「昌」字，音訓云：「昌音唱。」〔註23〕實本《舊音》，《舊音》即作「昌謀」。黃刊明道本及其覆刻本、寶善堂本、《補正》、《詳注》、《集解》、《備要》本、《叢書集成初編》本、上古本「倡」作「唱」，《攷異》、《定本》皆揭出公序本、明道本之異。「昌」、「倡」、「唱」字皆可通。

86. 曰臣嘗卜於天

【按】丁跋本、《國語評苑》、道春點本、千葉玄之本、黃刊明道本及其覆刻本、秦鼎本、寶善堂本等「嘗」作「嚐」，「嘗」、「嚐」為異體字。

87. 【注】許吾成既罷弊其民天奪之食安受其燼之言者

【按】許本「弊」作「敝」，「奪」作「敓」。《國語評苑》、童本「弊」作「獘」。

遞修本、活字本、丁跋本、許本、張一鯤本、薈要本、文淵閣本、文津閣本、道春點本、千葉玄之本、黃刊明道本及其覆刻本、董增齡本、綠蔭堂本、秦鼎本、寶善堂本、《補正》等「燼」俱作「爐」，是金李本、《叢刊》本「燼」字為「爐」字之誤。

活字本、黃刊明道本及其覆刻本、寶善堂本等無「者」字。又秦鼎本「者」作「也」，云：「言也，舊作『言者』，今從明本。」〔註24〕今所見黃刊明道本及其覆刻本無「也」字，未知秦鼎何據？或為誤識。

〔註22〕（清）汪遠孫：《國語明道本攷異》，頁337。
〔註23〕（三國吳）韋昭注：《國語》，日本國立國會圖書館藏朝鮮活字本，本卷頁17。
〔註24〕（日）秦鼎：《春秋外傳國語定本》卷一九，本卷頁14。

88. 【注】罷歸也

【按】童本「歸」作「歸」，《鈔評》作「帰」。「歸」、「帰」爲「歸」之俗字，《字鑑》收之。

89. 慈其幼長

【按】張一鯤本、童本「幼」誤作「幻」，活字本、《國語評苑》、吳勉學本、道春點本、千葉玄之本、綠蔭堂本、秦鼎本作「㓜」。

90. 吾寬民以子之忠惠以善之

【按】童本「忠」誤作「思」。《鈔評》「民」誤作「和」。

91. 大夫苦成進對曰

【按】童本「苦」誤作「若」。

92. 大夫種進對曰審物則可以戰乎

【按】許本「種」作「穜」，「穜」、「種」義本不同，然音同可通。

93. 【注】聲謂鍾鼓

【按】許本、薈要本、文淵閣本、文津閣本、秦鼎本「鍾」作「鐘」，亦與「穜」、「種」之理同，《古文淵鑒》卷六引注字亦作「鐘」。活字本「鍾鼓」作「鉬鼓」，黃刊明道本及其覆刻本、寶善堂本、《補正》、《詳注》、《備要》本、《叢書集成初編》本、上古本「鍾」作「鉦」，《集解》改作「鍾」。董增齡本「鍾鼓」作「鉦鐘」。王樹民、沈長雲校勘記云：「聲謂鉦鼓進退之聲，『鉦』原從公序本作『鍾』，據明道本改。按古代戰爭，鼓聲司進，鉦聲司退，故以明道本爲長。」〔註25〕如果按照這個標準，則董增齡本「鐘」字當改爲「鼓」，而活字本「鉬」爲「鉦」字之誤。

又《國語評苑》「聲」作「声」。

94. 【注】婦人禮送迎不出門

【按】遞修本、活字本、丁跋本、《鈔評》、黃刊明道本及其覆刻本等多本「迎」作「迎」，「迎」亦「迎」之別體，「卯」、「卬」形近混作。

〔註25〕徐元誥撰，王樹民、沈長雲點校：《國語集解》（修訂本），頁 566。

又活字本、黃刊明道本及其覆刻本、寶善堂本等「禮」字在「婦人」之前，汪遠孫《攷異》以公序本「禮」字在「婦人」之後非是，實皆可通。「禮」字在句首和在「婦人」之後的語法功能是一樣的，都是「按照禮儀規則」的意思，作狀語。又秦鼎指出「婦人送迎不出門」爲僖公二十二年《左傳》文字，實韋昭《魯語下》注已言之。

95. 去等側席而坐不埽

【按】遞修本「等」作「并」，丁跋本、許本、張一鯤本、《國語評苑》、《鈔評》、童本、吳勉學本、閔齊伋本、薈要本、文淵閣本、文津閣本、道春點本、千葉玄之本、董增齡本、綠蔭堂本、秦鼎本「等」作「笄」，是《叢刊》本「等」字爲「等」字之誤，遞修本「並」字當爲「笄」字之誤。

又活字本、文津閣本、黃刊明道本及其覆刻本、寶善堂本、《補正》、《詳注》、《集解》、《備要》本、《叢書集成初編》本、上古本「埽」作「掃」。「埽」、「掃」字同。

96. 【注】笄簪也去笄去飾也側猶特也

【按】活字本、童本「飾」作「餙」，亦「飾」之別體。

97. 明日徙舍

【按】活字本「徙」字處空白無字，當係漏刻。丁跋本「徙」誤作「徒」。《鈔評》「徙」作「徙」。

98. 【注】重矣去父母而來也

【按】許本「矣」誤作「以」。活字本、《鈔評》「來」作「来」。

99. 【注】若汝也已止也

【按】許本「汝」作「女」。

100. 【注】上下皆穌也

【按】許本「穌」作「和」，活字本、黃刊明道本及其覆刻本、道春點本正文、注文字作「穌」，《百家類纂》本正文亦作「穌」。薈要本、文淵閣本、文津閣本正文、注文字皆作「和」。又活字本、黃刊明道本及其覆刻本、寶善

堂本等無「也」字。

101. 戰於江及昏乃令左軍銜枚泝江五里以須（須須後命也）亦令

【按】金李本本行 22 字，丁跋本「亦令」之「令」在下行。

許本「泝」作「濟」。活字本、寶善堂本「泝」誤作「沂」。

活字本、黃刊明道本及其覆刻本、寶善堂本等注文無「也」字。

又活字本「左」誤作「在」，《百家類纂》本「銜」作「衘」，「須」作「湏」。《鈔評》「須」亦作「湏」。張文彬云：「『銜』字隸書作『銜』，楷化訛作『衘』。故《正字通・行部》曰：『衘，俗銜字。』」〔註26〕「須」、「湏」字同。

吳勉學本「於」作「于」。

102.【注】夜中夜半也中水水中央

【按】丁跋本「央」誤作「夬」。

活字本、黃刊明道本及其覆刻本、寶善堂本等「中央」後有「也」字。

103.【注】軍敗奔乑曰北北古之背字

【按】童本等《國語》多本「乑」作「走」，「乑」爲「走」字篆書之直接楷化字。

104. 君王以親辱於孤之弊邑

【按】許本「弊」作「敝」，《國語評苑》、閔齊伋本作「敝」，《鈔評》、道春點本、千葉玄之本、秦鼎本作「獘」。

活字本、黃刊明道本及其覆刻本、寶善堂本、《補正》、《詳注》、林泰輔本、《集解》、《備要》本、《叢書集成初編》本、上古本無「孤之」。明道本《國語》「弊邑」9 見，其他 8 見前皆無限定成份，此處恐亦當以無「孤之」二字爲是。

105. 不敢不受以民生之不長（長久也）

【按】丁跋本「久」誤作「反」。活字本、張一鯤本、《國語評苑》、道春點本、黃刊明道本及其覆刻本「久」作「夂」。

〔註26〕張文彬：「銜」字研訂說明，《異體字字典》在線版，http://dict2.variants.moe.edu.tw/variants/。

越語上第二十

1. 大夫種進對曰臣聞之賈人

【按】許本「種」作「穜」。

《國語評苑》、閔齊伋本「對」作「對」，薈要本作「對」。

2. 冬則資絺（絺葛也精曰絺麤曰綌）

【按】童本「麤」誤作「之」，「綌」誤作「裕」。活字本注文「絺」、「綌」處皆空格無字，當係漏刻。《鈔評》正文「絺」作「絺」。

又黃刊明道本及其覆刻本「葛」作「葛」，「葛」爲「葛」字之俗，蔡信發云：「夫『葛』從『匄』，而『葛』從『止』，當是由『匄』而形變者，筆意猶可得，是『葛』爲『葛』之異體信然。」〔註1〕可以備說。

3. 旱則資舟

【按】童本「旱」誤作「早」。

4. 將以致死乃必有偶（偶對也）

【按】童本「對」誤作「封」。

5. 【注】巫臣使其子狐庸教之

【按】童本「教」誤作「殺」。

〔註1〕 蔡信發：「葛」字研訂說明，《異體字字典》在線版，http://dict2.variants.moe. edu.tw/variants/。

6. 【注】將三百人以入事吳若宦豎然

【按】童本「豎」作「竪」，「豎」、「竪」同字。活字本「宦」誤作「官」。

7. 命壯者無取老婦令老者無取壯妻

【按】童本「令」誤作「今」。

《鈔評》、道春點本「壯」作「壮」。活字本「壯妻」之「壯」作「壯」。

活字本、黃刊明道本及其覆刻本「命」作「令」。

8. 【注】犬陽畜知擇人

【按】活字本（注文）、丁跋本、蜚英館本、寶善堂本（注文）、博古齋本（正文）、錦章書局本（注文）「犬」誤作「大」。

9. 【注】宦仕也仕其子而教之稟以食之也、稟餼多也

【按】許本「稟」未改字，活字本、張一鯤本、童本、《鈔評》「稟」作「禀」，秦鼎本作「廩」。黃刊明道本及其覆刻本、寶善堂本、《補正》、《詳注》、《備要》本、《叢書集成初編》本、上古本「教之稟以食之也」作「教以廩食之也」，「稟」作「廩（廩）」。薈要本、文淵閣本、文津閣本注「教之稟以食之也」作「教以禀（稟）食之也」。「教」字之後以有「之」字爲佳，「稟以食之」、「以禀（稟／廩）食之」皆是，《集解》注「教」後增「之」字。《晉語一》「倉廩」汪遠孫《攷異》云：「公序本作『稟』。案：『稟』、『廩』古今字，《補音》作『廩』，轉寫誤也。《攷正》云：『元本、弘治本、許本、嘉靖本此處竝作稟，下同。』足證《補音》之誤。」〔註2〕是「禀」、「稟」、「廩（廩）」等字皆音同可通。

黃刊明道本及其覆刻本、寶善堂本、《補正》、《備要》本、《叢書集成初編》本「宦」作「官」。活字本字作「宦」，黃刊明道本及其覆刻本「官」字或誤，汪遠孫《攷異》已揭出。《詳注》、《集解》、上古本皆改字作「宦」。

〔註2〕 （清）汪遠孫：《國語明道本攷異》，頁299。從汪遠孫引陳樹華《春秋外傳國語考正》的這段話看，陳樹華是參照了《國語》的元刻本、弘治本、許本和嘉靖本的，其所謂嘉靖本或即金李本。然汪氏《攷異》則唯參據許本和金李本，則汪氏之時元刻本、弘治本恐已不易見。

10. 【注】稻糜脂膏也

【按】活字本、童本「稻」作「稻」，張一鯤本、黃刊明道本及其覆刻本作「稻」，「臽」、「舀」形近易混作，拙著《〈國語補音〉異文研究》有詳辨，可參。又活字本「稻」字處空白無字，當係漏刻。徐元誥《集解》「稻」作「稃」。王引之《經義述聞》卷二一云：「稻不得訓為『糜』，『稻』當作『稃』（注『稻』字同，『稃』音『浮』）。《廣雅》：『秄、糜，饘也。』『秄』與『稃』同。《月令》『行糜粥飲食』，《淮南‧時則篇》作『稃鬻』，是『稃』即『糜』也，故章注訓『稃』為『糜』。載稃與脂，蓋以脂與鬻相雜……下文曰『無不餔』、『無不歠』。歠，飲也。必鬻而後言歠，則『稻』為『稃』之誤明矣。不然，稻穀名也，但言載稻，則舂與未舂，炊與未炊，皆未可知。孺子何以無不餔、歠？而宏嗣又何以知其為糜也？宋庠《補音》及《舊音》『稻』字皆無音釋，蓋已不知其為『稃』字之誤矣。」〔註3〕是《集解》從王引之說改「稻」作「稃」而未出注，王樹民、沈長雲點校本校記已揭出。除《集解》外，各書無從王說改「稻」作「稃」者。王引之謂「以脂與鬻相雜」，實際情形是否如此，恐亦難斷。另《吳越春秋‧勾踐伐吳外傳第十》有「載飯與羹以遊國中」，亦可與本文相參。

黃刊明道本及其覆刻本、寶善堂本、《補正》、《備要》本、《叢書集成初編》本注文「脂膏」在「糜」之前，誤，李慈銘《讀書簡端記》已揭出。陳瓀《翼解》未辨黃刊明道本注文倒乙，故亦誤釋。又《集解》、上古本注無「也」字。

11. 非其身之所種則不食

【按】許本「種」作「穜」。

12. 【注】言得一國之歡心

【按】童本「歡」作「懽」。《鈔評》「國」作「囯」。

13. 吾請達王甬句東

【按】丁跋本、《百家類纂》本「王」作「而」，於義可通，且更顯示越王勾踐對吳王的輕蔑態度，當時的外交辭令是否這麼刻薄，恐怕不好遽下斷

〔註3〕　（清）王引之：《經義述聞》，頁521下～522上。

論。審《國語》多本俱作「王」字，則丁跋本「而」字當從《國語》多本作「王」。

14. 寡人禮先壹飯矣（……壹飯之間……）

【按】許本、薈要本、文淵閣本、文津閣本、黃刊明道本及其覆刻本、寶善堂本、《補正》、《備要》本、《叢書集成初編》本、上古本「壹」作「一」。王樹民、沈長雲謂《集解》原脫「壹」字，據公序本補。正文既作「壹」，則注文非釋「壹」字，自當與正文保持一致。

又遞修本、《國語評苑》、黃刊明道本及其覆刻本、寶善堂本等「間」作「閒」。

15. 君若不忘周室而為弊邑宸宇

【按】許本「弊」作「敝」，「宇」作「寓」，注同。

閔齊伋本、盧之頤本、薈要本、文淵閣本、文津閣本、秦鼎本「弊」作「敝」，活字本「弊」作「獘」。審《通鑑前編》等書引字亦作「敝」。

越語下第二十一

1. 【注】道化未盛而自驕泰也

【按】童本「化」誤作「已」。

活字本、黃刊明道本及其覆刻本、寶善堂本等無「也」字。

張一鯤本、《鈔評》、道春點本「泰」作「泰」。

2. 【注】貳二也二言陰謀淫佚也

【按】童本「淫」作「滛」，亦「淫」之俗字。

黃刊明道本及其覆刻本、寶善堂本、《補正》、《備要》本、《叢書集成初編》本、上古本無「二也二」。《集解》注從公序本。公序本有「貳」字注文、明道本無「貳」字注文皆是，未必以某者爲是、某者爲非。《國語》全書「貳」字35見，義爲基數詞的唯此一例，或因此而有「貳」字注文。

3. 待盈者與天

【按】遞修本、活字本、許本、張一鯤本、《國語評苑》、《鈔評》、吳勉學本、二乙堂本、薈要本、文淵閣本、文津閣本、道春點本、千葉玄之本、黃刊明道本及其覆刻本、董增齡本、綠蔭堂本、秦鼎本等《國語》各本「待」皆作「持」，是金李本、《叢刊》本「待」字誤。

4. 玩如女樂（玩好珍寶也……）

【按】遞修本、活字本、丁跋本、許本、童本、張一鯤本、吳勉學本、《鈔評》、黃刊明道本及其覆刻本、等《國語》各本「如」皆作「好」，是《叢

刊》本「如」字爲「好」字之誤。「玩好」《國語》3 見，另外二例分別爲《齊語》「皮幣玩好」、《楚語下》「六畜玩好必從」，意義、用法皆固定，可看作合成詞。韋注釋《齊語》「玩好」爲「玩好，人所玩弄而好也」，是釋其得名之由，有推源的意味。本處釋文則爲一般語義解釋。

5. 乃令大夫種行成於吳

【按】許本「種」作「種」。

6. 【注】委歸也屬付也管篝

【按】童本「篝」作「窩」，或亦「篝」之俗字。《異體字字典》未收，或當據補。《鈔評》「歸」作「婦」。

7. 【注】從事有業故功不亂因時順氣故不逆也

【按】童本「因」誤作「囚」。

活字本、黃刊明道本及其覆刻本、寶善堂本、《補正》、《集解》、《備要》本、《叢書集成初編》本、上古本等無「也」字。

8. 民乃蕃滋（蕃息也滋益也）

【按】許本「滋」作「兹」，「益」誤作「溢」。

9. 【注】內雖彊盛外不以剛

【按】遞修本、活字本、丁跋本、許本、張一鯤本、《國語評苑》、《鈔評》、薈要本、文淵閣本、文津閣本、道春點本、千葉玄之本、黃刊明道本及其覆刻本、董增齡本、綠蔭堂本、秦鼎本、寶善堂本、《補正》、《詳注》、《集解》、《備要》本、《叢書集成初編》本、上古本「外」作「行」。「行」、「外」義亦可通。審上文「柔而不屈」韋注云：「外雖柔順，內不可屈。」則本處注文亦當「內」、「外」相對爲文，然《國語》多本作「行」字，或當從《國語》多本作「行」字。

10. 【注】謂有所斬伐

【按】丁跋本「斬」作「載」，恐爲誤作。活字本、黃刊明道本及其覆刻本、寶善堂本、《補正》、《備要》本、《叢書集成初編》本、上古本無「謂」

字，《尚史》卷六〇引注亦無「謂」字。有無「謂」字無礙於文義。《集解》從公序本增「謂」字。

11. 【注】因吉凶以誅賞

【按】童本「誅」誤作「誅」。

活字本、黃刊明道本及其覆刻本、寶善堂本、《補正》、《集解》、《備要》本、《叢書集成初編》本、上古本「賞」後有「也」字。

12. 【注】敵家不能報也

【按】許本「家」作「寡」，恐誤。

13. 【注】天時沒乃可以動也

【按】遞修本、活字本、許本、《鈔評》、薈要本、文淵閣本、文津閣本、黃刊明道本及其覆刻本、寶善堂本、《補正》、《集解》、《備要》本、《叢書集成初編》本、上古本「沒」作「反」。

又活字本、黃刊明道本及其覆刻本、寶善堂本、《補正》等無「也」字。汪遠孫《攷異》以公序本作「沒」字爲誤〔註1〕。從《國語》正文「時反是守」之言看，注當作「反」。徐元誥《集解》引王念孫曰：「反猶變也。」〔註2〕沈鎔《詳注》云：「當謹守以俟其變。」〔註3〕當即本王念孫之義而言之者。

14. 失德滅名㳅㐬死亡

【按】丁跋本批：「㳅，古流字。」此《補音》已指出者。「㐬」字爲「走」篆書之直接楷化字，拙著《〈國語補音〉異文研究》已詳辨之，可參。

活字本、吳勉學本、《鈔評》、黃刊明道本及其覆刻本等字作「流」、「走」。

15. 【注】樂聲色也

【按】《國語評苑》、童本「樂」作「楽」，「楽」爲「樂」之俗字，《宋元以來俗字譜》收之。

〔註1〕　（清）汪遠孫：《國語明道本攷異》，頁340。
〔註2〕　徐元誥撰，王樹民、沈長雲點校：《國語集解》（修訂本），頁580。
〔註3〕　沈鎔：《國語詳注》，本卷頁2。

16. 【注】相道為輔矯過為弼

【按】童本「輔」誤作「轉」。

活字本、黃刊明道本及其覆刻本、寶善堂本、《補正》、《詳注》、《集解》、《備要》本、《叢書集成初編》本、上古本「道」作「導」，「道」、「導」古今字。

17. 【注】聖通也通知之人皆隱遁也

【按】童本「聖」作「圣」。

活字本、黃刊明道本及其覆刻本、寶善堂本、《補正》、《詳注》、《集解》、《備要》本、《叢書集成初編》本、上古本「知」作「智」。

又黃刊明道本及其覆刻本、寶善堂本、《補正》、《詳注》、《備要》本、《叢書集成初編》本、上古本無「皆」字，《集解》注從公序本增「皆」字。有「皆」字更增辭氣，當然沒有「皆」字語義也通。

又薈要本「隱」作「隐」。

18. 【注】時子胥未死解骨

【按】《國語評苑》、童本「解」作「觧」，亦「解」之別體。

19. 【注】轉相將望無復相非

【按】童本「無」作「旡」。

20. 【注】王聞之賜之屬鏤以死在魯哀十一年

【按】童本「屬」作「王」，其他各本字皆作「屬」，則童本「王」字誤。《左傳·哀公十一年》：「王聞之，使賜之屬鏤以死。」杜注云：「屬鏤，劍名。」〔註4〕亦作「屬婁」、「屬盧」、「屬鹿」、「獨鹿」等。是韋注用《左傳》文。

21. 【注】謂飢困愁怨之事未盡極也

【按】許本、薈要本、道春點本、千葉玄之本、《集解》「飢」作「饑」，正當作「飢」。《鈔評》「飢」誤作「無」，「盡」誤作「情」。

〔註4〕 （清）阮元校刻：《十三經注疏》，頁2167上。

活字本「怨」字處空格無字，當係漏刻。

22.【注】稻蟹新也

【按】童本「稻」誤作「猶」。活字本、《國語評苑》、《鈔評》「稻」作「稻」。

23.【注】肆放也常舊法也

【按】童本「放」誤作「枚」。

活字本、黃刊明道本及其覆刻本、寶善堂本、《補正》、《集解》、《備要》本、《叢書集成初編》本、上古本「法」字下無「也」字。

綠蔭堂本、綠蔭堂《國語國策合注》本、董增齡本「舊」作「典」。《卓氏藻林》卷六引注字作「舊」，《說文通訓定聲》引注字作「典」。「舊」、「典」字雖不同，義亦相會。不知道綠蔭堂本等是確有所本還是私自改字。審《國語》「常」字 42 見，韋注云：「典，常也。」「彝，常也。」「倍尋爲常。」「方，常也。」「秩，常也。」「經，常也。」「日月爲常。」「恒，常也。」且韋注「典，常也」釋文 7 見，則此處注文「舊」字恐當爲「典」字。

24. 可以致天地之殛（殛誅也）

【按】童本「殛」作「極」，字亦可通，然《國語》眾本作「殛」，各書亦無引字作「極」者，是童本誤作，當從《國語》各本作「殛」。

25.【注】爾雅曰九月為玄

【按】童本「爾雅」爲「爾稚」，「稚」字爲「雅」字之誤。

26. 今歲晚矣

【按】童本、薈要本、道春點本、千葉玄之本、董增齡本、綠蔭堂本、秦鼎本「歲」作「歳」。

又活字本、《國語評苑》、《鈔評》「歲」上之「止」作「山」。

27.【注】微無也

【按】童本「無」作「旡」。活字本「微」作「微」，《國語評苑》、《鈔評》「微」作「微」。

28. 【注】謀必素定不可遷易也

【按】童本「遷」作「迁」。

活字本、黃刊明道本及其覆刻本、寶善堂本、《補正》、《詳注》、《集解》、《備要》本、《叢書集成初編》本、上古本「易」作「移」，無「也」字。「易」、「移」義亦相會。

29. 【注】極至也究窮也無過天道之所至窮其數而止已

【按】童本字作「变」、「穷」、「数」。

活字本黃刊明道本及其覆刻本、寶善堂本、《補正》、《集解》、《備要》本、《叢書集成初編》本、上古本「已」作「也」。「止」、「已」同義復用，「也」字爲語氣詞煞尾。

30. 【注】後後動先先動

【按】童本「後」作「后」，下注「後動者泰舒」同。

31. 【注】抗威厲以亢禦

【按】童本「厲」作「厉」，「亢」誤作「元」。

活字本、黃刊明道本及其覆刻本、董增齡本、秦鼎本、寶善堂本、《補正》、《詳注》、《集解》、《備要》本、《叢書集成初編》本、上古本「厲」後有「辭」字。「抗威」爲動賓結構，「厲辭」爲定中結構。《冊府元龜》卷七四三引注文即有「辭」字。點校本《集解》「亢禦」之「亢」誤作「抗」，點校本改正，實「亢」、「抗」字通，不必爲誤。《冊府元龜》卷七四三引注「亢禦」之「亢」即作「抗」。

32. 用人無蓻

【按】童本、《國語評苑》、道春點本、千葉玄之本、秦鼎本「蓻」誤作「蓺」，注同。活字本、黃刊明道本及其覆刻本、寶善堂本、《補正》、林泰輔本、《詳注》、《集解》、《備要》本、《叢書集成初編》本、上古本作「藝」。

33. 【注】彼陽勢已盡

【按】本處「勢」字許本未改。

34. 【注】數未盡雖輕易人猶不可得取也

【按】丁跋本「不」誤作「下」。活字本、黃刊明道本及其覆刻本、寶善堂本、《補正》、《備要》本、《叢書集成初編》本「未」作「不」，汪遠孫《攷異》已揭出。「未」、「不」二字義同，《集解》、上古本注從公序本作「未」。《冊府元龜》卷七四三引注無「也」字。

35. 【注】黿鼉蝦蟇也水邊亦曰隄

【按】許本「蟇」作「蟫」，此處「蟫」實「蟆」字之俗，因「莫」之俗字作「茣」，「算」、「茣」形近而混作。《鈔評》「蟇」誤作「𧒽」，《鈔評》、薈要本「邊」作「逤」。活字本、黃刊明道本及其覆刻本、寶善堂本、《補正》、《備要》本、《叢書集成初編》本作「蟆」，張一鯤本、《國語評苑》、道春點本、千葉玄之本、綠蔭堂本、秦鼎本作「蟆」，「蟇」、「蟆」異體同構，汪遠孫《攷異》謂「蟆」字俗。

童本「隄」誤作「諸」。《鈔評》、黃刊明道本及其覆刻本、寶善堂本、《補正》、《集解》、《備要》本、《叢書集成初編》本、上古本「隄」作「渚」。「渚」、「隄」相近，「諸」爲虛字。拙著《〈國語補音〉異文研究》有詳辨，可參。

36. 吾猶禽獸也

【按】丁跋本、許本、《鈔評》「吾」作「臣」。審明周聖楷《楚寶》卷三一引字即作「臣」字，或即據丁跋本、許本爲書。然「臣」字於此語境並不適合，因爲這是范蠡和王孫雒（雄）之間的直接對話，王孫雒（雄）不代表吳王，故范蠡不必對之稱「臣」。當從《國語》多本作「吾」。

37. 【注】覯面目之兒也

【按】丁跋本「面」誤作「而」。

活字本、張一鯤本、《國語評苑》、文淵閣本、道春點本、千葉玄之本、黃刊明道本及其覆刻本、董增齡本、綠蔭堂本、秦鼎本、寶善堂本、《補正》等「兒」作「貌」。

又活字本、黃刊明道本及其覆刻本、寶善堂本、《補正》等無「也」字。

38. 子范子將助天為虐助天為虐不祥

【按】丁跋本「虐」作「虗」，活字本、吳勉學本、黃刊明道本及其覆刻本等作「虐」，亦皆「虐」之俗字。

《鈔評》「范」誤作「犯」，「助」字皆作「助」。

39. 臣所以不死者為此事也人事已濟矣

【按】遞修本、活字本、許本、《鈔評》、閔齊伋本、薈要本、文淵閣本、文津閣本、黃刊明道本及其覆刻本、寶善堂本、《補正》、林泰輔本、《詳注》、《集解》、《備要》本、《叢書集成初編》本、上古本「人」作「今」。閔齊伋云：「今，本作『人』。」〔註5〕京都大學藏本批語云：「人，一本作『今』。」〔註6〕汪遠孫《攷異》云：「公序本『今』作『人』，誤。」〔註7〕董增齡本「人事」上增「今」字。

40. 【注】從甲至甲為浹浹帀也

【按】丁跋本「帀」誤作「市」。張一鯤本、《國語評苑》、閔齊伋本、文淵閣本、道春點本、千葉玄之本、綠蔭堂本、董增齡本、秦鼎本「帀」作「匝」。「帀」、「匝」通。

〔註5〕 （明）閔齊伋裁注：《國語》卷九，本卷頁12。
〔註6〕 （日）林信勝點校：《國語》，京都大學圖書館藏本，本卷頁10。
〔註7〕 （清）汪遠孫：《國語明道本攷異》，頁341。

結　語

　　以上是以《四部叢刊》影金李本澤遠堂本《國語》爲底本，參照丁跋本、許宗魯本、童思泉本和金李本原本撰成的條目。總 1333 條，其中《國語解序》23 條，周語上 109 條，周語中 66 條，周語下 109 條，魯語上 65 條，魯語下 64 條，齊語 93 條，晉語一 70 條，晉語二 50 條，晉語三 33 條，晉語四 124 條，晉語五 31 條，晉語六和晉語七各 30 條，晉語八 52 條，晉語九 36 條，鄭語 54 條，楚語上 74 條，楚語下 60 條，吳語 105 條，越語上 15 條，越語下 40 條。

　　就這樣的一個條目匹配比例而言，和前輩學者的有所不同。本書前言部分已經詳列各家校勘《國語》各語條目數量，可以對照參看。

　　通过明本四種以及《國語》各本的比對，分析如下。

一、《國語》各本異文類型淺析

　　《國語》各本異文類型大體上可以分爲這樣幾類：（一）各本異文之間的文字關係爲異體字、古今字、通假字，或一本字誤，或文字不同，然皆適於語境；（二）一本比另一本多字；（三）一本倒乙。第一類屬於文字本身的問題，第二、第三類則屬於版本問題。下面主要舉第一類。

（一）各本之間異文爲異體字關係

　　異體字的種類較雜。《國語》各本之間異體字的關係有如下幾種：

　　1. 有的屬於篆書直接楷化字與隸定字的關係，如「以」與「㠯」、「測」與「測」、「辵」與「辶」、「走」與「㞤」、「埑」作「壐」等。

2. 有的屬於部份構字部件不同。

不同的構件之間關係也有好幾種情況：

（1）不同構件之間爲正俗字關係，當然這些俗字中：①有些在今天中國的大陸是規範的簡體字了。如「厲」與「厉」中的「萬」與「万」。②有些俗字構件之間由於字形相近而混用，如「蠹」與「蟮」中的「莫」與「算」。

（2）不同構件構成的文字之間關係爲正俗字：①其中的俗字是今天中國大陸推行的規範漢字，如「辭」與「辞」、「遷」與「迁」、「變」與「变」、「數」與「数」等。②其中的俗字一直是俗寫字，如「解」與「觧」等。

（3）不同構件爲音同音近字。如「蟆」與「蟆」中的「莫」與「麻」、「字」與「宇」中的「于」和「禹」等。

（4）俗字構件與原正字構件爲形近字。如「暴」和「暴」中的「氺」與「米」，「攵」與「收」中的「攵」與「丩」、「說」、「晉」與「說」、「晉」中的「口」與「厶」、「稻」與「稻」中的「臽」與「旧」、「敘」與「敘」中的「攵」與「又」、「奕」與「弈」的「大」與「廾」、「賴」與「頼」中的「負」與「頁」等。關於這一文字的應用，拙稿《〈國語補音〉異文研究》、《唐宋類書引〈國語〉研究》於刻本、寫本字形多有分析，在《唐宋類書引〈國語〉研究》結語中對這種現象進行了總結，援引原文如下：

當一個漢字構件 A 和一個構件 B 組合爲一個漢字，而 A 的形近構件 a、b、c 等字不和 B 組合成字時，構件 A 有時會寫作它的形近字 a、b 或者 c。A 與 B 成字，而 a、b、c 等不和 B 成字，只是 A 有可能寫作 a、b 或者 c 的一個條件，至於是否產生替代，還要從整個漢字的構形、文字應用習慣以及相關因素出發。

（5）一構件是對原正字構件的省寫。如「爾」與「尒」的「x」與「一」，「泰」與「泰」中的「氺」與「小」，「歸」與「歸」中的「止」與「凵」，「齊」與「齐」中的「朿」與「文」等。

3. 二字音同：（1）因而其中一字成爲俗字。如「後」與「后」、「聽」與「听」，二字義本不同，唯因音同，故後者成爲前者的俗寫方式。今中國大陸規範漢字即以「后」字替代原字形中的「後」與「后」，而「听」原義基本不用，故「听」爲「聽」的大陸規範漢字。（2）二字構形不同，音同義同。如「翟」與「狄」等，二字又是公序本和明道本的一大區別特徵。（3）二字音同通假。

（二）各本之間異文關係為古今字

比勘《國語》各本中，音同音近字之間的關係其中一本文字與別本文字為古今字。如「皃」與「貌」、「知」與「智」、「執」與「埶」、「辟」與「避」、「猒」與「厭」與「饜」等。總體而言，公序本所用古字比明道本要多。

（三）一本異文為誤字

造成誤字的原因很多。大致包括這樣幾種情況：1.形近而誤，如「大」誤作「太」、「帀」誤作「市」、「美」誤作「姜」、「擇」誤作「釋」、「聽」誤作「德」、「埶」誤作「執」、「王」誤作「士」、「沃」誤作「次」、「冒」誤作「胃」、「祀」字誤作「祀」等；2.誤解原文而誤，如「君」誤作「韋」、「諭」誤作「踰」、「天」誤作「九」、「具」誤作「耳」、「夾」作「結」等；3.音同音近而誤，如「猶」誤作「酒」、「椒」誤作「報」、「監」誤作「堅」、「猶」誤作「尤」、「私」誤作「思」等；4.義近而誤，如「君」誤作「后」等。

（四）二本雖文字不同，皆適用於本語境

如《晉語四》第 4 條「【注】正天時以夏█故歲」，遞修本、活字本、黃刊明道本及其覆刻本亦作「數」。張一鯤本、道春點本則空格，《國語評苑》則不空，綠蔭堂本、董增齡本作「紀」，薈要本、文淵閣本、文津閣本「數」字作「時」，千葉玄之本、秦鼎本作「正」；再如《魯語下》第 19 條「【注】必同心而守故言固矣」，丁跋本、許本、董增齡本「矣」作「也」，俱可通。

這是比勘《國語》各本文字不同的大致情況。此外，有一些字形當為俗字字形，而為《異體字字典》所失收當補者。

二、《國語》行文的問題

這裏所講的《國語》行文問題實際上是《國語》的本文形式，即分章問題以及分行、行字數等問題。

（一）關於各本的分章

公序本和明道本的分章不同，這是顯而易見的。實際上公序本各本之間的分章也不完全相同。體現了刊刻或校訂《國語》者對於《國語》分章的不

同看法。就其大端而言，丁跋本和許本的分章是相同的，張一鯤本、《國語評苑》、道春點本、千葉玄之本、秦鼎本、高木熊三郎標注本的分章是相同的，薈要本、文淵閣本、文津閣本的分章是相同的。在《國語》研究史上，《國語鈔評》、二乙堂本是較早標注每章名目的，而關修齡則是較早根據《國語》章節進行《國語》研究的，黃丕烈《札記》實際上也是按照每章進行勘校的。汪遠孫《國語明道本攷異》似乎忽略了這一問題，也或者是看到了許宗魯本、金李本和黃刊明道本之間分章上的差別，故而其《攷異》並不分章。除了上面所見各家分章的不同外，另外有些也是不一樣的。爲清眉目，試就其中幾本的分章列如下：

	關	二	黃刊	補正	詳注	林	集解	上古	說　　　明
周上		14	13	13	14	14	14	14	可見二乙堂本、詳注等分章相同。
周中		11	11	13	10	10	11	10	
周下		9	9	9	9	9	9	9	
魯上				16	16	16	16	16	
魯下				21	21	21	21	21	
齊				7	7	4	7	8	
晉一				9	9	11	9	9	
晉二				10	9	8	9	9	
晉三	7			8	8	8	8	8	
晉四	14			23	23	15	14	25	晉文公流亡過程是否分章。
晉五	14			14	14	14	14	14	
晉六	11			11	12	12	11	12	
晉七	8			8	10	8	8	9	
晉八	19			20	20	20	20	20	
晉九	21			22	22	22	22	21	
鄭				2	2	1	1	2	《鄭語》的問題在於是否分章。
楚上				9	9	9	9	9	分章同。
楚下				8	9	9	9	9	

吳				9	9	9	9	9	各本分章同。
越上				1	1	1	1	1	各本分章同。
越下				8	8	8	8	8	各本分章同。
總計				233	230	229	230	243	

　　以上幾本之中，關修齡《國語略說》、沈鎔《國語詳注》都有明確的分章標識，二乙堂本有確定的標目，林泰輔本不僅分章，而且在每卷之首列明該卷的章數。上古本、點校本《集解》既有標目，又有章數統計。從上表可知，各本分章差別較大的爲《齊語》和《晉語四》，其他各卷分章數據差別較小。

　　在校勘明本四種的過程中，也涉及到各本分章的問題，已見相關校勘條目。近幾年來，有些學者對於《國語》的敘事模式與分章標準也提出了一些意見。我們認爲，《國語》的分章當參照多重標準，不宜以一種標準來進行判定。

（二）關於各本的分行以及行字數問題

　　《國語》各本半面行數多少不同，從九行到十行不等。每行字數也從 20 字到 22 字不等。從明本四種的比對來看，金李本以行 20 字爲主，也有 19 字、21 字、22 字甚至 23 字的情況，相比之下，童本、許本、丁跋本較爲規整。關於金李本、張一鯤本、《國語評苑》、秦鼎本以及其他各本的分行、行字數，拙稿《〈國語〉金李本、張一鯤本、穆文熙本、秦鼎本之關係》中曾經約略提及。又通過各本某一篇首行字數的統計可以看出，各本行字數是不同的，同一版本不同版面的行字數有的也有差別。

三、對《國語》各本的基本認定以及所參據《國語》各本之間的關係

　　拙撰《〈國語補音〉異文研究》和《唐宋類書引〈國語〉研究》都曾參據《國語》多本。此次新添加者，爲活字本、許宗魯本、丁跋本、《國語鈔評》胡刻本、京都大學圖書館藏道春點本之批校本、二乙堂本、詩禮堂本、文津閣本、千葉玄之本、關修齡《國語略說》等。

　　就今所比勘而言，許宗魯本是最能保持公序本特徵的，無論是在「翟」、

「狄」的區別上，還是在用古字上。許宗魯本爲了體現《國語》文本用字之古，利用《說文》中所記錄的諸字之古文、籀文改易了《國語》文字，甚至把一些形聲字的形符去掉，只保留其聲符。當然這種文字的改易是否符合《國語》定編時代的實際文本文字面貌，恐怕還值得商榷。就親緣關係上而言，許宗魯本和丁跋本最近，胡刻本《國語鈔評》當是在參照丁跋本和許本的基礎上減省而成。雖然同爲穆文熙輯纂，但是光裕堂刻六卷本《國語評苑》和胡刻八卷本《國語鈔評》版本不同。表現在幾個方面：（1）《評苑》是以張一鯤本爲底本，《鈔評》以丁跋本、許本爲底本；（2）《評苑》是全本，《鈔評》是節本，《鈔評》不僅省略篇章，而且一篇中的內容也往往節略；（3）《評苑》章注全本，《鈔評》章注也進行了節錄。當然，二者也有諸多的共同之處。比較表面的一點就是：從刊刻風格上來看，都保留著濃重的手寫特徵，極具觀賞性。

汪遠孫《攷異序》云：「明人許宗魯、金李皆從公序本重刊。兩本各有優劣。」又云：「許宗魯、金李皆嘉靖重刻本也。許、金兩本間有異同，不復悉載。」汪遠孫首先認識到許宗魯本和金李本這兩種本子的價值，同時也注意到了他們的區別。但是，汪遠孫的《攷異》是以明道本爲基準，和公序本之間進行考校，故而對於公序本內部的問題則完全忽略掉。今就所比勘的條目而言，許宗魯本和金李本的版本來源似不相同。金李本和遞修本的一致性程度更大，因此可以認定金李本的版本來源當是和遞修本相近的一個本子。

在所參據的明本四種中，丁跋本和童思泉本錯訛較多。在所參據到的諸多《國語》本子中，萬曆年間的幾個本子俗字都較多，這些本子存在的俗字現象可能具有時代共同特點。關於金李本，清人瞿中溶（1769～1842）《古泉山館題跋》有《翻宋本國語》一篇，今不憚辭費，引錄全文如下：

翻宋本國語六冊廿一卷

大板，每葉廿行，行廿字。板匡左右內有細綾摺口，板心中題「國語幾」，下題葉號。首卷首行上題「周語上」，中題「國語」，下題「韋氏解」，卷末尾行則無「韋氏解」三字，餘同，他卷放此。前有序二葉，每葉十四行，行十五字。首題「國語解敘」次行下題「韋昭」二字，尾行「國語解敘」下旁注「畢」字，其下題小字云：「嘉靖戊子吳郡後學金李校刻於澤遠堂。」此本款

式古雅，字體端勁，照依宋本翻刻，避諱缺筆之字甚爲周密，一如其本來面目。故骨董家往往去序末「嘉靖戊子」題識，僞作宋本衒售。其文異於今本者甚多，如：《周語上第一》「昔我先王世后稷」，無「王」字；「況爾小醜乎」，無「乎」字；「猶其原隰之有衍沃也」，作「猶其有原隰衍沃也」；「川源塞國必亡川源必塞」下無「源塞國必亡」句；及上句之注「水土無所演」，無「所」字；「歌舞不息樂禍也」，作「歌舞不思憂」五字；「是實臨照周之子孫」，無「是」字；「其丹朱之神乎」，無「之神」二字；「朁其贄」，「贄」作「摯」，下同。《周語中第二》「由之利內則福利外則取禍」，「由之」二字在下句「利外」上；「其流別旅於裔土」，無「旅」字；「故未承命」，「未」作「臣」；「左右皆免冑而下拜」，無「皆」字、「拜」字；「故歲飫不倦」，無「故」字。《周語下第三》「閒仲呂」，「仲」作「中」，注同。《魯語上第四》「莫不能使共祀」，無「能使」二字。《魯語下第五》「君之所以貺使臣」，「貺」作「況」，下皆同；「夫婦學於舅姑者禮也」，無「禮」字。《齊語第六》「使不凍餧」，「餧」作「餒」；「田狩畢弋」，「畢」作「畢」。《晉語第七》「夫子誡之」，「誡」作「戒」，「之」作「也」。《晉語第九》「若無天乎」，「乎」下有「云」字。《晉語第十》「然則請止狐偃」，無「然」字；「是君子之言也」，無「是」字、「之言」二字。《晉語第十一》「子金甀索士整」，「整」作「悉」，注同。注「整頓也」作「願也」。《晉語第十四》「後箴戒圖以待之」，「箴戒」作「戒箴」，「圖」作「國」；「故不可損也」，「損」作「捐」。《晉語第十五》「及斷獄之日」，「斷」作「蔽」，注同。「爾心事君」，「心」作「□」。《楚語上第十七》「皆有元德也」，無「有」字；「椒舉娶於」，「椒」作「湫」，下及注七字皆同；「鄭幾不克」，「克」作「封」；「居寢有褻御之箴」，「褻」作「埶」，注同；「臨事有瞽史之導」，「導」作「道」。其注文亦多不同，似皆有可以證今本之譌者。而莊字，漢人避諱多改作「嚴」，故古書每以「嚴」爲「莊」，乃漢儒相傳之舊本也。此書雖已有改「嚴」爲「莊」者，然如《魯語上》正文及注有十四字，《齊語第六》有二字，《晉語第七》及《楚語上》有七字，皆作「嚴」。黃蕘圃新刊明道本號稱精美，然亦多與此本不合。予草草校一過，尚多遺漏而未盡也。考第十七「湫舉」，今本皆作「椒舉」，明道本同。考《漢書·古今人表》作「湫」，又考第十七「埶御」之「埶」，見《毛詩》。錢曾《讀書敏求記》所云「宋公序補音之南宋本」，當即此刻之藍本。錢舉「昔我先世后稷」「先」下明道本有「王」字，及「皆免冑而下」，明道本「下」下有「拜」字二條，以爲此刻不及明道本。然予謂亦有勝於明

道本之處，錢未嘗徧攷耳。〔註1〕

作為一篇題跋，瞿氏對金李本的勘對已經很細緻了，瞿氏對於金李本的評價也是公允的。

活字本從其整體版本特徵上而言，屬於明道本無可置疑。但朝鮮經筵在校訂的時候參照了公序本的某些本子，雖然總體上完全保留了明道本的特徵，但是恐怕不能算作純正的明道本。但活字本給我們提供了一些新的信息：（1）比如在《國語》韋注之下加注音注，是把《補音》條目散在《國語》相關內容之下，唯不稱《補音》而改稱「音訓」。一直以來，在中國本土認為是張一鯤首先將《補音》各條散在《國語》正文之下，通過活字本的比勘可知，活字本要比張一鯤本早得多。只是由於文化交流不深入的原因，我們並不知道罷了。張一鯤本、道春點本等把《補音》音注《國語》正文之處置於韋注之前，音注韋注者置於韋注之後，而活字本所有音訓均置於韋注之後。（2）在中國本土，明道本系統打破版本壁壘吸納公序本合理成分始於吳曾祺《國語韋解補正》，時間上已經相當晚了。通過活字本，可以把明道本吸納公序本合理成分這一打破版本壁壘的行為提前將近 500 年。（3）可以為《國語》在海外的傳播增添新的史實，為中外文化交流尤其中國和朝鮮的文化交流提供佐證。（4）為明道本在元明時期的流傳提供了有力的證據。活字本是早於毛鈔本、錢鈔本的明道本刻本。（5）活字本可以訂正黃刊明道本的某些缺失，也是黃刊明道本及其覆刻本進行校勘方面的重要版本和最為權威的版本。

在《〈國語補音〉異文研究》的研究過程中，由於發現薈要本、文淵閣本吸納了明道本的成份，薈要本還留有43條校勘記以為明證。更由於當時沒有看到詩禮堂本，筆者當時就主觀臆斷，認為薈要本、文淵閣本等實際上是承襲詩禮堂本吸納明道本之舊。此次參據到詩禮堂本，始知詩禮堂本仍然守著公序本之舊例，公序本吸納明道本成份實自薈要本始。而且詩禮堂本迭經幾次刊刻，每次都有不同。這種不同，從《周語上》前半面就完全可以看出，圖示如下：

〔註 1〕 （清）瞿中溶：《古泉山館題跋》，臺北：新文豐文化出版公司版《叢書集成續編》第 5 冊，頁 668～669 上。

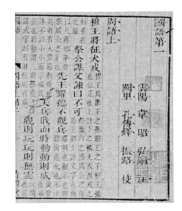

臺灣國家圖書館藏本　　　　孔夫子舊書網拍賣本　　　　殘卷本

　　臺灣「國家圖書館」藏本爲乾隆丙戌詩禮堂校樣刊本，孔網拍賣本爲詩禮堂乾隆丙戌刊本，殘卷本爲康熙年間印本。殘卷本、校樣刊本皆作「不以小小而示威武」，刊本「小小」則作「小事」。就目前所看到的《國語》刊本中，李克家本、二乙堂本已經改「小小」爲「小事」了。那麼詩禮堂刊本重刊時恐怕是參照了李克家本、二乙堂本等相關版本而改的。產生的一個直接影響就是四庫薈要本、文淵閣本、文津閣本等皆作「小事」，從其以詩禮堂本爲底本這樣一個事實出發，可以知道四庫本系列仍然是以詩禮堂乾隆丙戌刊本爲底本的。

　　文津閣本在所參據到的四庫本三種中最晚校呈。根據吳哲夫研究：「文源、文溯、文津三閣四庫全書，繼文淵閣之後，分別完成於乾隆四十七、四十八、四十九等三年。」〔註2〕故文津閣本未如薈要本、文淵閣本精審，通過各條比勘也可以見出。詩禮堂本既是四庫本的底本，又是清代爲數不多的保持公序本獨立性的本子，通過詩禮堂本和四庫薈要本的進一步對校，可能對四庫館臣在修纂《四庫全書》時到底吸納了多少明道本的成分會有更爲明晰的信息，對清代前期《國語》接受和傳播的進一步研究不無裨益。

　　《四庫全書》各個本子在進行《國語》編纂時，不僅參照了明道本，而且還參照了其他的典籍。總體而言，《四庫全書》本的《國語》是抄寫精良、校勘認眞的本子，這是毋庸置疑的。

　　張一鯤本是明萬曆時期以至於清代影響最大的《國語》本子，故翻刻甚多。今所參據到的李克家本、《國語評苑》、道春點本、千葉玄之本、綠蔭堂

〔註2〕　吳哲夫：《四庫全書纂修研究》，臺北：國立故宮博物院1990年版，頁138。

本、秦鼎本、經綸堂本、高木熊三郎本都屬於張一鯤本的範疇。

千葉玄之本在道春點本之後、秦鼎本之前，應該就是秦鼎本所據的底本，即秦鼎校語中在在所言之「舊作×」之「舊」。千葉玄之的一些校語也被秦鼎《定本》逐錄而未注出。道春點本、千葉玄之本、秦鼎本、高木熊三郎本、林泰輔本，基本體現了日本《國語》版刻史和日本《國語》研究史的歷時線索和前後關係。

董增齡本有些地方和綠蔭堂本相同，因此可以推斷，董增齡本的底本可能是和綠蔭堂本相同的本子，亦即張一鯤本的重刻本。在此基礎上，董增齡本又吸納了明道本的合理成份。

《補正》、《詳注》、《集解》代表著二十世紀前三十年的《國語》普及本的前後繼承關係和歷時脈絡。吳曾祺《國語韋解補正》是中國本土明道本中首次吸納公序本合理成份的版本。此後沈鎔《國語詳注》更進一步吸納了《補音》、張一鯤本等每語下先進行各國源流的解說，並進一步吸納公序本的注文等，《集解》在這一基礎上更進一步有所擴展。上古本則是在參考了《札記》、《攷異》的基礎上，更進一步吸納了公序本的一些成份。

當然，關於《國語》版本系統以及子版本系統，還需要進一步釐定和梳理。總之，通過明刻本 1333 條條目的勘校整理，可以發現，現傳《國語》各個本子之間的問題頗多。當然，由於勘校條目是以公序本的明本四種爲基準，可能無法全面反映明道本的問題，希望在《〈國語·周語〉集校集註》一書中可以得到改觀。由於後世版本往往打破版本界限，有時候還進行主觀改字，故而使得《國語》文本的釐定變得更爲複雜。但是，詳細比勘各本文字差別，確定是非，會爲《國語》文本的最終釐定以及《國語》的深入研究提供方便，並且能夠解決《國語》版本、文字、訓詁等相關問題，這是可以想見的。

仍然把拙著《〈國語〉動詞管窺》結語中的一段話放在這裏：

如果由《國語》的動詞擴展到《國語》的綜合研究，則應當包括《國語》的語言研究、文獻研究、文學研究、思想與文化研究。在《國語》的語言研究中，可以展開《國語》的文字研究、辭彙研究、語法研究與修辭篇章研究，從歷時和共時角度結合社會文化學進行全面系統深入地探討。在《國語》的文學研究中，可以對《國語》的敍事、《國語》中的人物塑造、《國語》中的對話描寫等各個方面開展，並就《國語》對後世文學創作的影響進行歷時的

比較研究。在《國語》的文獻研究中，可以將宋代以前典籍尤其是宋刻典籍中徵引《國語》的文句與今傳《國語》比勘，並廣泛地求取宋以後各種版本的《國語》，得出一個匯校本。在此基礎上力求得出一個最接近《國語》原來面貌的本子。並對涉及到的《國語》各本與相關方面進行版本文獻上的研究。集合舊注，去同存異，做成匯注本，並就古注涉及到的典章文物、文字訓詁進行相關的探討。在《國語》的思想與文化研究中，首先要重新估價《國語》在先秦思想史以及中國思想史上的地位，通過對《國語》所包孕思想的研究，從而為斷代思想史以及真正的社會思想史的撰寫提供有力的佐證與材料。在《國語》的文化研究中，涉及到的典章制度、風土民情等都具有很高的價值。總之，要將《國語》從學術研究的邊緣地位解脫出來，恢復這一經典文獻的學術核心地位及其應有的價值。

主要參考文獻

B

1. 白冰：《青銅器銘文研究——白川靜金文學著作的成就與疏失》，上海：學林出版社 2007 年版。

2. 白國紅：《春秋晉國趙氏研究》，北京：中華書局 2007 年版。

3. （漢）班固撰，（唐）顏師古注：《漢書》，北京：中華書局 1965 年點校本。

C

1. （清）蔡雲談：《癖談》，上海：商務印書館 1939 年版。

2. （清）陳逢衡：《竹書紀年集證》，上海古籍出版社 2002 年輯印《續修四庫全書》第 336 冊。

3. （宋）陳彭年等：《宋本廣韻》，北京市中國書店 1982 年影張氏澤存堂本。

4. （宋）陳彭年等：《宋本玉篇》，北京市中國書店 1983 年影張氏澤存堂本。

5. （清）陳壽祺：《齊詩遺說考》，上海古籍出版社 2002 年輯印《續修四庫全書》第 76 冊。

6. 陳奇猷：《呂氏春秋新校釋》，上海古籍出版社 2009 年版。

7. （元）陳師凱：《書蔡氏傳旁通》，臺北：臺灣商務印書館 1986 年版《景印文淵閣四庫全書》第 62 冊。

8. （清）陳偉：《愚慮錄》，上海古籍出版社 2002 年輯印《續修四庫全書》第 1165 冊。

9. （宋）陳祥道：《禮書》，東京大學東洋文化研究所藏宋刊元修本。

10. （宋）陳暘：《樂書》，臺北：臺灣商務印書館 1986 年版《景印文淵閣四庫全書》第 211 冊。

11. （晉）陳壽：《三國志》，北京：中華書局 1959 年點校本。

12. （清）陳瑑：《國語翼解》，光緒年間廣雅書局刻本。

13. 遲鐸：《小爾雅集釋》，北京：中華書局 2008 年版。

14. 楚永安：《文言複式虛詞》，北京：中國人民大學出版社 1986 年版。

D

1. （宋）丁度等：《集韻》，上海古籍出版社 1983 年影述古堂本。

2. （清）段玉裁：《說文解字注》，上海古籍出版社 1981 年影經韻樓本。

E

1. （日）恩田仲任：《國語備考》，日本國會圖書館藏鈔本。

F

1. 本師方向東先生校注：《莊子今解》，揚州：廣陵書社 2000 年版。

2. （明）方以智：《通雅》，北京：中國書店 1990 年影浮山此藏軒本。

G

1. （清）顧藹吉：《隸辨》，臺北：臺灣商務印書館 1986 年版《景印文淵閣四庫全書》第 235 冊。

2. （明）顧大韶：《炳燭齋隨筆》，上海古籍出版社 2002 年輯印《續修四庫全書》第 1133 冊。

3. （清）顧廣圻撰，王欣夫輯：《顧千里集》，北京：中華書局 2007 年版。

4. （清）顧炎武撰，陳垣校注：《日知錄校注》，合肥：安徽大學出版社 2007 年版。

5. （南朝梁）顧野王：《原本玉篇殘卷》，上海古籍出版社 2002 年輯印《續修四庫全書》第 228 冊。

6. 郭沫若：《管子集校》，《郭沫若全集·歷史編 5》，北京：人民出版社 1984 年版。

7. 郭錫良：《古漢語專書語法研究漫談》，見載於氏著《漢語史論集》（增補本），北京：商務印書館 2005 年版。

8. （清）桂馥：《說文解字義證》，上海古籍出版社 1987 年影連筠簃叢書本。

H

1. （清）郝懿行：《爾雅義疏》，上海古籍出版社 1983 年影郝氏家刻本。

2. 何樂士：《專書語法研究的幾點體會》，見載於氏著《古漢語語法研究論文集》，北京：商務印書館 2000 年版。

3. 韓玉濤：《寫意——中國美學之靈魂》，深圳：海天出版社 1998 年版。

4. 漢語大字典編纂委員會：《漢語大字典》（第二版），武漢：崇文書局、四川辭書出版社 2010 年版。

5. （清）洪頤煊：《管子義證》，上海古籍出版社 2002 年輯印《續修四庫全書》第 970 冊。

6. 華學誠：《揚雄方言校釋匯證》，北京：中華書局 2006 年版。

7. （清）黃模：《國語補韋》，開封鑑古齋 1935 年刊本。

8. （清）黃丕烈：《校刊明道本韋氏解國語札記》，北京：商務印書館 1958 年《國語》後附。

9. 黃侃箋識、黃焯編次：《廣韻校錄》，上海古籍出版社 1985 年版。

10. 黃侃：《黃侃手批說文解字》，上海古籍出版社 1987 年版。

11. 黃金貴：《古代文化詞義集類辨考》，上海教育出版社 1995 年版。

12. （清）黃丕烈：《士禮居藏書題跋記》，上海古籍出版社 2002 年輯印《續修四庫全書》第 923 冊。

13. 黃永武主編：《敦煌寶藏》第 32 冊，臺北：新文豐文化出版公司 1982 年版。

14. （唐）釋慧琳：《一切經音義》，上海古籍出版社 1983 年影獅谷白蓮社本。

J

1. 季旭昇：《說文新證》（下冊），臺北：藝文印書館 2004 年版。

2. （明）焦竑：《俗書刊誤》，臺北：臺灣商務印書館 1986 年版《景印文淵閣四庫全書》第 228 冊。

3. 金啓華：《〈後讀書雜志〉讀後》，《文教資料》1997 年第 4 期，頁 133～134。

L

1. （唐）郎知本：《正名要錄》，上海古籍出版社 2002 年輯印《續修四庫全

書》第 236 冊。

2.　（清）李富孫：《春秋三傳異文釋》，上海古籍出版社 2002 年輯印《續修四庫全書》第 144 冊。

3.　（唐）李吉甫撰，賀次君點校：《元和郡縣圖志》（下），北京：中華書局 1983 年版。

4.　李人鑒：《「弒」字考》，江蘇省語言學會主編《語言研究集刊》（第二輯），南京：江蘇教育出版社 1988 年版。

5.　（明）李元吉：《讀書囈語》，上海古籍出版社 2002 年輯印《續修四庫全書》第 1143 冊。

6.　李圃主編：《古文字詁林》，上海教育出版社 2004 年版。

7.　（元）李文仲：《字鑑》，臺北：臺灣商務印書館 1986 年版《景印文淵閣四庫全書》第 228 冊。

8.　（清）劉台拱：《國語補校》，上海書店 1988 年影印《清經解續編》卷二百八。

9.　（日）林信勝點校：《國語》，京都大學圖書館藏批校本。

10.　（日）林泰輔點校：《國語》，《國譯漢文大成》經史子集第六十八冊，東京：國民文庫刊行會大正十三年（1924）十月十六日第四版。

11.　（唐）陸德明：《經典釋文》，上海古籍出版社 1985 年影宋刻宋元遞修本。

12.　陸宗達：《訓詁簡論》，北京出版社 2002 年版。

13.　陸明君：《魏晉南北朝碑別字研究》，北京：文化藝術出版社 2009 年版。

14.　（宋）羅泌：《路史》，臺北：臺灣商務印書館 1986 年版《景印文淵閣四庫全書》第 383 冊。

M

1.　馬敍倫：《說文解字六書疏證》，上海書店 1985 年據科學出版社 1957 年版重印。

2.　（清）馬建忠：《馬氏文通》，北京：商務印書館 1983 年版。

3.　《名城邯鄲系列叢書》編輯部：《邯鄲之謎》，北京：中國城市出版社 2001 年版。

O

1.　（唐）歐陽詢撰，汪紹楹校：《藝文類聚》，上海古籍出版社 1982 年新 1 版。

Q

1. （日）秦鼎：《春秋外傳國語定本》，日本文化六年滄浪居刊本。

2. （日）千葉玄之校：《韋注國語》，日本天明六年刊本。

3. （清）瞿中溶：《古泉山館題跋》，臺北：新文豐文化出版公司版《叢書集成續編》第 5 冊。

R

1. 任繼昉：《釋名匯校》，濟南：齊魯書社 2006 年版。

2. （清）阮元校刻：《十三經注疏》，北京：中華書局 1980 年影世界書局本。

S

1. （宋）宋庠：《國語補音》，北京：國家圖書館出版社 2006 年影宋刻宋元遞修本。

2. （清）宋翔鳳撰，梁雲華點校：《過庭錄》，北京：中華書局 1986 年版。

3. （漢）宋衷注，（清）秦嘉謨等輯：《世本八種》，上海：商務印書館 1957 年版。

4. 宋玉珂：《古今漢語發微》，北京：首都師範大學出版社 2009 年版。

5. （宋）司馬光：《類篇》，上海古籍出版社 1988 年影宋刻宋元遞修本。

6. （漢）司馬遷撰，（南朝宋）裴駰集解、（唐）司馬貞索隱、（唐）張守節正義：《史記》，北京：中華書局 1959 年版點校本。

7. （漢）司馬遷撰，（南朝宋）裴駰集解、（唐）司馬貞索隱、（唐）張守節正義：《史記》（修訂本），北京：中華書局 2013 年版點校本。

8. 沈鎔：《國語詳注》，上海：文明書局 1925 年版。

9. （清）沈廷芳：《十三經注疏正字》，臺北：臺灣商務印書館 1986 年版《景印文淵閣四庫全書》第 192 冊。

10. 施安昌編：《顏真卿書干祿字書》，北京：紫禁城出版社 1992 年版。

11. （唐）釋慧琳：《一切經音義》，上海古籍出版社 1983 年影獅谷白蓮社本。

12. （宋）蘇洵：《族譜後錄上篇》，《三蘇全集》第 6 冊，舒大剛、曾棗莊主編，北京：語文出版社 2001 年版。

13. （清）孫詒讓撰，孫啟治點校：《墨子閒詁》，北京：中華書局 1986 年版。

T

1. 臺灣國語推行委員會編：《異體字字典》在線版，http://dict2.variants.moe. edu.tw/variants/。

2. （唐）唐玄度：《九經字樣》，臺北：臺灣商務印書館 1986 年版《景印文淵閣四庫全書》第 224 冊。

W

1. （清）汪遠孫：《國語發正》，廣西師範大學圖書館藏道光振綺堂本。

2. （清）汪遠孫：《國語明道本攷異》，北京：商務印書館 1959 年版《國語》後附。

3. （清）汪由敦：《松泉集》，臺北：臺灣商務印書館 1986 年版《景印文淵閣四庫全書》第 1328 冊。

4. （清）汪中：《國語校譌》，見載於氏著《經義知新記》，上海：商務印書館 1937 年版。

5. （清）王昶：《金石萃編》，北京市中國書店 1985 年影掃葉山房本。

6. （宋）王觀國：《學林》，臺北：新文豐文化出版公司 1985 年版《叢書集成新編》第 12 冊。

7. （宋）王正德：《餘師錄》，臺北：臺灣商務印書館 1986 年版《景印文淵閣四庫全書》第 1480 冊。

8. 王利器輯纂：《越縵堂讀書簡端記》，天津人民出版社 1981 年版。

9. （清）王懋竑：《國語存校》，上海古籍出版社 2002 年輯印《續修四庫全書》第 1146 冊。

10. （清）王太嶽：《四庫全書考證》，上海：商務印書館 1936 年排印本。

11. （清）王念孫：《讀書雜誌》，北京市中國書店 1985 年版。

12. （清）王念孫著，鍾宇訊點校：《廣雅疏證》，北京：中華書局 1983 年版。

13. （清）王汝璧：《芸麓偶存》，上海古籍出版社 2002 年輯印《續修四庫全書》第 1462 冊。

14. 王叔岷：《史記斠證》，北京：中華書局 2007 年版。

15. 王樹民：《曙庵文史雜著》，北京：中華書局 1997 年版。

16. （清）王煦：《國語釋文》，清咸豐戊午觀海樓刻本。

17. 王鍈、王天海譯注：《說苑全譯》，貴陽：貴州人民出版社 1992 年版。

18. （清）王引之：《經義述聞》，南京：江蘇古籍出版社 2000 年版。

19. （清）王筠：《說文句讀》，北京市中國書店 1983 年影尊經書局本。

20. （宋）吳仁傑：《兩漢刊誤補遺》，《知不足齋叢書》本。

21. （清）吳玉搢：《別雅》，臺北：臺灣商務印書館 1986 年版《景印文淵閣四庫全書》第 222 冊。

22. 吳曾祺：《國語韋解補正》，上海：商務印書館 1915 年版。

23. 吳哲夫：《四庫全書纂修研究》，臺北：國立故宮博物院 1990 年版。

24. 吳汝綸：《尚書故》，氏著《吳汝綸全集》，合肥：黃山書社 1995 年版。

25. 吳秋輝撰，張乾一輯錄：《侘傺軒文存》，濟南：齊魯書社 1997 年版。

26. 吳澄淵主編：《新編中國書法大字典》，北京：世界圖書出版公司 2001 年版。

27. 吳梅：《吳梅全集》（日記卷上），石家莊：河北教育出版社 2002 年版。

X

1. 向熹：《簡明漢語史》（下冊），北京：高等教育出版社 1993 年版。

2. （南朝梁）蕭統編，（唐）李善注：《文選》，北京：中華書局 1977 年影胡克家本。

3. 蕭旭：《羣書校補》，揚州：廣陵書社 2011 年版。

4. （元）黃公紹、熊忠：《古今韻會舉要》卷一四，日本早稻田大學圖書館藏日本刊本。

5. 徐元誥撰，王樹民、沈長雲點校：《國語集解》（修訂本），北京：中華書局 2006 年第 2 次印刷本。

6. （唐）徐堅等著：《初學記》，北京：中華書局 1962 年版。

7. 徐仁甫：《古詩別解》，上海古籍出版社 1984 年版。

8. 徐仁甫：《晉語辨正》，《晉陽學刊》1984 年第 2 期，頁 78～82。

9. （清）徐養原：《頑石廬經說》，上海古籍出版社 2002 年輯印《續修四庫全書》第 173 冊。

10. （漢）許慎：《說文解字》，北京：中華書局 1963 年影陳昌治覆刻平津館本。

11. （戰國）荀子撰，（唐）楊倞注，耿藝點校：《荀子》，上海古籍出版社 1996 年版。

Y

1. （清）姚鼐：《惜抱軒九經說》，上海古籍出版社 2002 年輯印《續修四庫全書》第 172 冊。

2. （清）葉昌熾：《緣督廬日記抄》，上海古籍出版社 2002 年輯印《續修四

庫全書》第 576 冊。

3. （清）俞樾：《羣經平議》，上海古籍出版社 2002 年輯印《續修四庫全書》第 178 冊。

4. （明）俞汝楫：《禮部志稿》，臺北：臺灣商務印書館 1986 年版《景印文淵閣四庫全書》第 598 冊。

Z

1. 宗福邦等編：《故訓匯纂》，北京：商務印書館 2003 年版。

2. （明）趙撝謙：《六書本義》，臺北：臺灣商務印書館 1986 年版《景印文淵閣四庫全書》第 228 冊。

3. 趙少咸著，余行達等整理：《廣韻疏證》，成都：巴蜀書社 2010 年版。

4. （清）趙懷玉：《亦有生齋文集》，上海古籍出版社 2002 年輯印《續修四庫全書》第 1470 冊。

5. 張舜徽：《說文解字約注》，鄭州：中州書畫社 1983 年版。

6. （唐）張參：《五經文字》，臺北：臺灣商務印書館 1986 年版《景印文淵閣四庫全書》第 224 冊。

7. 張以仁：《國語斠證》，臺北：臺灣商務印書館 1969 年版。

8. 張以仁：《張以仁先秦史論集》，上海古籍出版社 2010 年版。

9. 張以仁：《淺談〈國語〉的傳本》，見載於氏著《張以仁語文學論集》，上海古籍出版社 2012 年版。

10. （宋）張有：《復古編》，臺北：臺灣商務印書館 1986 年版《景印文淵閣四庫全書》第 225 冊。

11. （唐）張參：《五經文字》，臺北：臺灣商務印書館 1986 年版《景印文淵閣四庫全書》第 224 冊。

12. （清）張澍：《養素堂文集》，上海古籍出版社 2002 年輯印《續修四庫全書》第 1507 冊。

13. （清）張文虎：《舒藝室隨筆》，瀋陽：遼寧教育出版社 2003 年版。

14. （明）張自烈撰，（清）廖文英續：《正字通》，上海古籍出版社 2002 年輯印《續修四庫全書》第 234～235 冊。

15. 中國社會科學院語言研究所古代漢語研究室編：《古代漢語虛詞詞典》，北京：商務印書館 1999 年版。

16. （元）周伯琦：《六書正譌》，臺北：臺灣商務印書館 1986 年版《景印文淵閣四庫全書》第 228 冊。

17. （清）周用錫：《尚書證義》，上海古籍出版社 2002 年輯印《續修四庫全書》第 48 冊。

18. （清）朱珔：《說文假借義證》，上海古籍出版社 2002 年輯印《續修四庫全書》第 215 冊。

19. （清）朱駿聲：《說文通訓定聲》，武漢市古籍書店 1983 年影臨嘯閣本。

20. 朱起鳳：《辭通》，北京：警官職業教育出版社 1993 年影開明書店本。

21. （清）朱彝尊：《經義考》，臺北：臺灣商務印書館 1986 年版《景印文淵閣四庫全書》第 679 冊。

22. （清）朱亦棟：《群書札記》，上海古籍出版社 2002 年輯印《續修四庫全書》第 1155 冊。